白き蓮華のひらく刻

森田真円
MoritaShinnen

白き蓮華のひらく刻

装幀・瓜生智子
挿絵・富永　慶

はじめに

白き蓮華とは、インドの言葉で「プンダーリカ」といい、「芬陀利華《ふんだりけ》」、または「分陀利華」と音写《おんしゃ》します。白き蓮華は、もともと仏《ほとけ》さまの慈悲《じひ》の活動に喩えられていたのであります。というのも、白き蓮華は蓮の中で最も高貴な花を咲かせますが、芽はドロドロの泥の中から出ています。このことから、仏さまが人間世界の泥の中に入り込んで、しかも泥にまみれず、あらゆる人々を救うという尊い慈悲の活動をされることを、「まるで白き蓮華のようである」と讃えられたのです。

ところが、『仏説観《ぶっせつかん》無量寿経《むりょうじゅきょう》』というお経には、

もし念仏《ねんぶつ》するものは、まさに知《し》るべし。この人《ひと》はこれ人中《にんちゅう》の分陀利《ふんだり》華《け》なり
（『註釈版聖典』一一七頁）

と説かれていて、念仏《ねんぶつ》を喜ぶ人が「白蓮華《びゃくれんげ》」に喩えられています。これは念仏者《ねんぶつしゃ》が、煩悩《ぼんのう》という泥の中にありながらも、仏さまのはたらきである南《な》無阿弥陀仏《もあみだぶつ》をいただいて、白き蓮華のように美しい花を咲かせることを讃えられたものです。凡夫《ぼんぶ》の身でありながら、念仏という白き蓮華の花を開くことができるのは、まったく仏さまのはたらきによるからであります。

私が奉職している京都女子大学《きょうとじょしだいがく》の宗教部では、六千人余りの女子大生に、仏教精神に基づいた宗教教育を行う一環として、年間七回にわたり、仏教新聞『芬陀利華』を発行しています。それは「白蓮華」のような薫

り高い人に育ってほしいという思いから、「芬陀利華」と銘打って発行されているのです。

本書は、その『芬陀利華』に寄稿した原稿を加筆修正したものです。ですので、新聞発行の季節にまとめて、「春風の刻」、「新緑の刻」、「朱夏の刻」、「白秋の刻」、「玄冬の刻」の五章としています。若い学生さん向きに書いたものですので、その点をご諒解いただいてお読みくだされば幸甚に存じます。

平成二十八年　十二月二日

東山の研究室にて著者識す

＊聖教の引用については、
『浄土真宗聖典（註釈版）第二版』は『註釈版聖典』
『浄土真宗聖典（七祖篇）註釈版』は『註釈版聖典（七祖篇）』
と表記しています。

春風の刻

【やってきた男】

突然の訪問

その男性が突然私の家にやってきたのは、春風の吹く、とある日曜日の夜のことでした。六十代後半に見えるその男性は、「はあ、はあ」と苦しそうに息をつきながら、初対面の私に向かって、

「お願いしたいことがある」

とおっしゃるのです。それは、

「最近、急に亡くなった姉の葬儀をしてほしい」

ということでありました。もちろん僧籍《そうせき》を持つ身でありますから、葬儀を

することは問題ありませんが、不思議に思ったのは、どうして私のところにこられたのかということでした。そこを尋ねると、とんでもない答えが返ってきたのです。

要約すると、

「自分は、〇〇組の組員であったが、〇〇会との抗争の時に、相手の組員を殺害して、四国の刑務所に長い間入っていて、つい最近出てきたばかりだ。もとはこの近くのAという在所の者であるが、若い頃に飛び出してから帰っていない。一昨日、姉が遠方で突然亡くなったので、火葬はしてきたのだが、何とか葬儀だけでもしてやりたいと思ったので訪ねてきた」

というのです。仰天するような話でありますが、肝心の私の質問には、何

も答えておられないので、

「どうして私のところにきたのですか？」

ともう一度聞いたところ、はっきりとした答えもなく、どうも要領を得ません。

そこで、

「私より、あなたのもとの在所のAにおられるお坊さんに頼んだ方がいいんじゃないですか」

というと、

「子どもの頃、おばあさんの葬儀をAの在所でした記憶がある」

とおっしゃいます。

「それなら、その方がいいでしょう」

ということになったのです。

男性が、

「先方に電話をして頼んでくれますか」

というので、私から電話でAの在所のご住職《じゅうしょく》にお願いをすると、ご住職はこころよく引き受けてくださったばかりか、今から伺うというその男性を、隣の駅まで車で迎えにきてくださるというのです。その男性は、私にひとしきり礼をいってから駅に向かって行かれたのでした。

詐欺師の手口

それから三十分ほどして、電話がなったのです。受話器を取るとAの在所のご住職でした。

「あの方と会えましたか？」

と訊くと、

「はい。会えました。でも先生、あれはたかりですよ」

とおっしゃるのです。ご住職によると、何年か前にも一度きたことがあるそうで、なんやかんやと話をし、最後にいかにもありそうな理由をつけて「金を貸してくれ」という寸借詐欺師だというのです。ご住職は、顔をしっかりと覚えておられ、いくつかの不審な点を追求したところ、這々《ほうほう》の体《てい》で夜の闇に消えていったというのです。

その話を聞いて、はっと思い出したことがありました。「〇〇組の組員で殺人を犯し、刑務所から出てきたばかり」という話は、どうも前にも聞いたことがあると思っていたのです。実際、その男性との会話の最中、私は、

「うん？　前にも聞いたことがあるような話やな」
と呟《つぶや》いています。ご住職からの電話を聞いて、ようやく思い出したのは、
十数年ほど前、やはり突然訪ねてきた男性が、
「二、三日後に、この近くに住むことになったので、自分の家のお仏壇
にお参りしてほしい」
といってきたことでした。その時、例の「〇〇組云々の話」を聞いたの
です。そして、
「長い間苦労をかけた妻を東北まで迎えに行くのだが、旅費が足りな
い」
とか何とかいったので、私はものの見事に騙されて、いくらかのお金を貸
した（？）のでした。

まったくあきれるほどの間抜けぶりで、こともあろうに、二度も同じ手口に引っかかったのです。おそらく私が「前にも聞いたことがあるような…」と呟いたので、向こうの方が慎重に警戒したのでしょう。カモを変えようとして、私にAの在所へ電話をさせたのに違いありません。

詐欺師の手口には、さまざまな仕掛けがあることに後になって気がつきました。まず、警戒されないように、身体の調子が悪く苦しそうな姿を見せる。次に、突然の不幸に出あい、判断ができないほどに動揺していることを強調して、同情を誘う。一方で、○○組・殺人云々の話を持ち出し、それとなく脅しをかける。最後に、改心した風を装い、困っている者を助けずにはおれない気持ちにさせる。ものの見事にはまってしまうのは私だけかもしれませんが、人間の心理はかくも簡単に操られていくのかと考え込んでしまいます。

いや、操られるというよりは、自ら思い込んでいくといった方が正確であるかもしれません。一つの思い込みが次の思い込みを生んでいくのです。詐欺師は、網にかかった人間が、自ら次々と思い込んでいく過程を、ほんの少し手助けをしているだけに過ぎないのでしょう。

思い込みの怖さ

考えてみますと、人間は自らの思い込みに振り回されてばかりといえるでしょう。仏教聖典《せいてん》の中にも、夜の闇の中で蛇を踏んだと思ってギョッとしたけれど、実は麻縄を踏んでいるだけであったという譬喩《ひゆ》があります。勝手に蛇だと思い込む人間の愚かさを示しているのです。人間関係のもつれは、大抵の場合、お互いに「あの人は、ああいう人だ」と思い込んでいることによって起こるものです。その底には、何よりも自分の眼は確かで、自分の判断は間違っていないという思い込みがあるからです。

思い込みが人間の争いを深刻にしていきます。国と国との争いも、戦争にまで至ってしまうのは、お互いの思い込みがあるからに他なりません。お互いが相手を脅威と思い込み、自分たちの方が正義であると思い込み、やらなければやられると思い込むのです。まことに人間というものは、厄介な生きものであります。

心を静めて知らねばならないのは、この私は、常に思い込みをしてしまうということです。何が正しいか何が間違っているかについても、つい自分中心の判断になりがちだということを決して忘れてはならないのです。

親鸞《しんらん》さま（一一七三～一二六三）のお言葉に、

是非《ぜひ》しらず邪正《じやしよう》もわかぬこのみなり

（『正像末和讃《しようぞうまつわさん》』「自然法爾章《じねんほうにしよう》」『註釈版聖典』六二二頁）

があります。「何が是であるのか、何が非であるのか、何が邪であるのか、何が正であるのか、本当に考え分けることのできないわが身である」という親鸞さまの慚愧《ざんぎ》の言葉であります。

あらためて親鸞さまの言葉を味わう時、

「結構、人を見る目はあるんですよ」

などと普段から嘯《うそぶ》いていた自分を恥じるばかりであります。

【三帰依】

春になって、新しい学期が始まります。全国の仏教系の学校では、それぞれの形態で礼拝《らいはい》のひとときが持たれていることでしょう。

元テレビタレントのSさんは、京都の浄土真宗《じょうどしんしゅう》系《けい》の高校を卒業されていました。彼が司会をするある番組で、京都の学生が話題になった時のことです。彼は、

「京都では、道行く学生すべてに『ブッダンサラナン～』と声をかけたら、五十パーセントの学生は、ある言葉を答えますよ」

といったのです。出演していた他の多くのタレントは、まず「ブッダンサ

ラナン」という言葉さえ知りません。ですから、一斉に、

「うそでしょう！」

といいます。信じないのは、むしろ当たり前のことでしょう。

そこで彼は、番組スタッフに向かって、

「誰か京都の学校出身の人はいませんか？」

と尋ねたところ、カメラマンの一人が手を挙げました。Sさんがカメラマンに向かっておもむろに、

「ブッダンサラナン〜」

というと、すかさず、

「ガチャ〜ミ」

と返ってきたのです。収録現場にいた人々が、みな一様に驚いたことはい

うまでもありません。

確かに、仏教系の大学・高校・中学がたくさんある京都では、多くの学校で「三帰依《さんきえ》」がお勧めされています。「三帰依」とは「仏に帰依する。法に帰依する。僧に帰依する」というもので、仏さまの教えの入門式に唱和されるものです。それをインドの言葉でいったのが、

ブッダンサラナン・ガチャミー（仏に帰依する）
ダンマンサラナン・ガチャミー（法に帰依する）
サンガンサラナン・ガチャミー（僧に帰依する）

というものです。京都の多くの学生は、この「ブッダンサラナン〜」を耳

にしたことがあるに違いありません。

全国の仏教系の学校の卒業生は、この「三帰依」を聞くと同時に、それぞれの学校での礼拝の時間の記憶が蘇ってくることでしょう。さてそれは、どんな想い出となっているのでしょうか。ただただ思い出したくもない時間なのでしょうか、はたまた何となく心が安らぐ記憶なのでしょうか。

どんな記憶を造る時間となるのか、今年もまた新学期とともに、「三帰依」が聞こえてきます。

【女坂の桜】

京都《きょうと》女子《じょし》学園《がくえん》に至る坂道、通称「女坂《おんなざか》」の桜が満開の季節です。親鸞さまが九歳で出家されたのも、このような桜の花の咲き誇る頃であったと伝えられます。時代は、平氏と後白河法皇《ごしらかわほうおう》との間にさまざまな軋轢《あつれき》が起こっていて、源氏と平氏の争いが本格化する頃でありました。親鸞さまの父上であった日野有範《ひのありのり》さまは、時代の波に翻弄され、何らかの政治的事件に巻き込まれてしまいます。その結果、貴族社会を追われて出家隠遁《しゅっけいんとん》することとなり、あろうことか長男の親鸞さまをはじめ、五人の子どもたちすべてが出家させられることになったのです。

伯父の日野範綱《ひののりつな》さまに連れられた幼い親鸞さまは、当代一流の名僧であった慈鎮和尚慈円《じちんかしょうじえん》さま（一一五五〜一二二五）のもとで、出家得度《とくど》の儀式を受けることになります。その時の様子が今に言い伝えられています。

幼い少年の親鸞さまを見た慈円さまは、周りの大人の都合によって振り回される状況に心を痛められたのでありましょう。親鸞さまの出家を願い出た範綱さまに対して、

「もはや夕暮れとなった。また日を変えて行うこととしよう」

とおっしゃったのでした。それは、今後、周囲の状況が変わるかもしれないと考えられた慈円さまの深い配慮のようにも思われます。

ところがその時、幼い親鸞さまは慈円さまに向かって、

明日《あす》ありと思《おも》ふ心《こころ》のあだ桜《ざくら》
夜半《よわ》に嵐《あらし》の吹《ふ》かぬものかは

と歌を詠まれたといいます。満開に咲き誇っていた桜が一晩の嵐であっという間に散ってしまうように、いつ何時無常《むじょう》の風が襲ってくるかもしれない。今晩直ちに出家の儀式を執り行ってほしいという決意の歌でありました。源平の戦乱の時代、少年の身でありながら、無常の嵐を敏感に感じつつ、自分の行く末を見据える強い決意の歌でありました。

女坂の桜を見つめながら、親鸞さまの決意に想いを致したいものであります。

白き蓮華のひらく刻

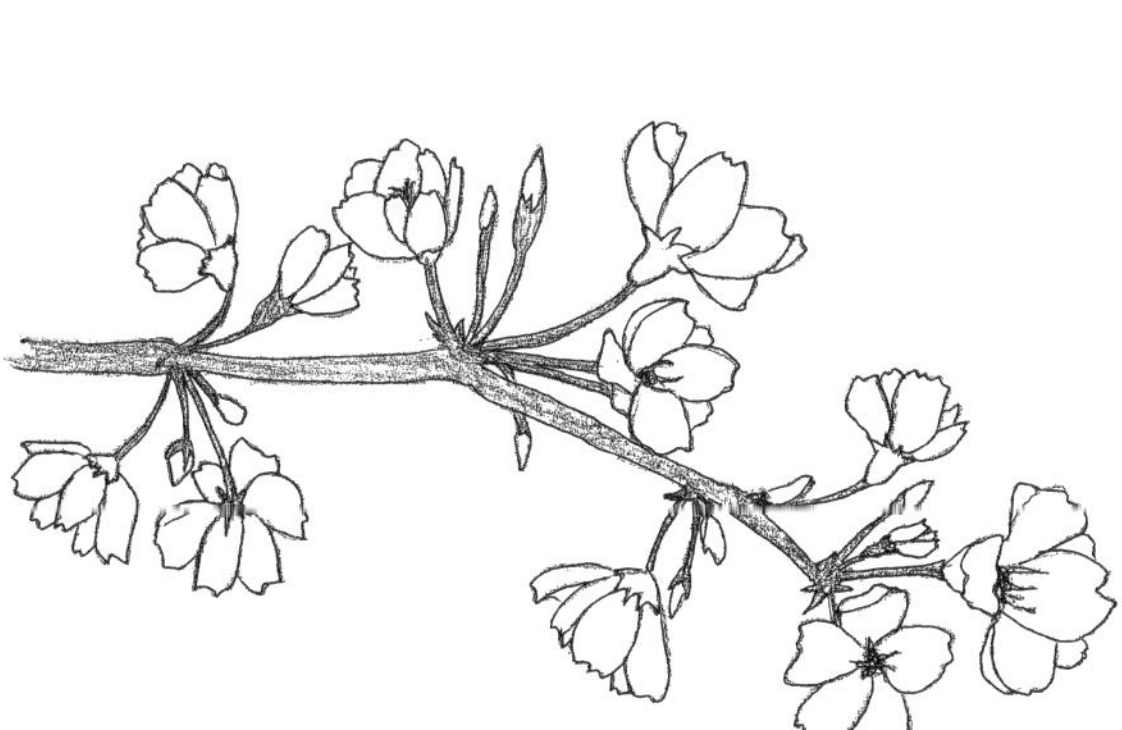

【終わりなき慈悲】

居眠りをしたお弟子

きれいなピンクの桜の花が女坂を彩る春爛漫《らんまん》の季節になりました。新しい学期が始まって、緊張の続く日々でしょうが、ぽかぽかとした春の陽気に誘われ、気が緩んでついウトウトとしてしまうこともあるでしょう。

「春眠《しゅんみん》暁《あかつき》を覚《おぼ》えず」

という言葉がありますが、春は眠気を誘う季節であるようです。

春であったかどうかはわかりませんが、お釈迦《しゃか》さま（釈尊《しゃくそん》）のお弟子であったアヌルッダは、お釈迦さまの大切な説法《せっぽう》の最中に居眠りをしてしまいました。お釈迦さまはお優しい方ですが、時に応じては、厳しい言葉を放たれることもあります。アヌルッダはお釈迦さまの従兄弟でもあったため、より厳しくおっしゃったのかもしれません。

お釈迦さまは、

「アヌルッダよ。そなたはどうして出家して沙門《しゃもん》（修行者）となったのか」

と尋ねられました。アヌルッダが、

「老・病・死の苦しみを離れていく法を求めるために出家しました」

と応えたところ、

「では、道を求める固い決意で出家したのに、その法を聞く最中に居眠りをするとは一体どうしたことか」

と厳しくたしなめられたのでした。

お釈迦さまから注意を受けたことを、非常に情けなく、恥ずかしく思ったアヌルッダは、深く反省をします。そして、自らを厳しく律し、自らに過酷な修行を課します。その結果、あろうことか眼を痛めてしまうのですが、後になって「形にとらわれず、ものの本質を見極める」という智慧《ちえ》の眼《まなこ》（天眼《てんげん》）を得て、お釈迦さまのお弟子の中で「天眼第一《てんげんだいいち》」の尊者《そんじゃ》と讃えられるようになられたのでした。

聞こえてきた声

ある日のこと、アヌルッダは自らの衣の綻《ほころ》びを縫いたいと思ったのですが、眼を痛めてしまったために、針の穴に糸を通すことができません。そ

こで、集まっておられたお釈迦さまのお弟子たちに向かって、

「お弟子の方々の中で、福徳《ふくとく》を積もうと思っている方がいらっしゃるなら、どなたか私のために針の穴に糸を通していただけないでしょうか」

とお願いをしたのでした。

すると、すぐさま、

「私が福徳を積ませていただこう」

という声が聞こえてきました。声を聞いた瞬間、アヌルッダは驚愕します。それはなんと、お釈迦さまの声だったからです。アヌルッダは大慌てで、

「いえいえ、私がお願いしたのは、さとりに到るために、これから福徳を積もうという方々にであって、すでに福徳が円満《えんまん》してさとりに到っておられるお釈迦さまにお願いしたのではありません」

と申しあげました。それに応えてお釈迦さまは、

「アヌルッダよ。私ほど福徳を積むことを求めている者はいない」

と静かにおっしゃって、針の穴に糸を通し、アヌルッダに手渡されたのでした。

さとりの活動

このエピソードは、「さとり」というもののあり方を示しています。「さとり」というと何か静かな処にじっと座っているようなイメージがありますが、実はそうではありません。「さとり」に到った方、すなわち仏さまは、他の人々にさまざまな恵みを与えるために、あるいはまた、他の人々をさとりに導くために、終わりのない慈しみの活動を行い続けるのです。福徳

を積み終わった者は福徳を積む必要がないのではなく、一切衆生《いっさいしゅじょう》（あらゆるいのちあるもの）のために終わりなき慈悲の実践をすることこそ、仏さまのはたらきに他なりません。

『仏説無量寿経《ぶっせつむりょうじゅきょう》』という経典《きょうてん》には、阿弥陀《あみだ》さまという仏さまが、いのちあるものすべてをさとりに導こうという願いをおこしてはたらき続けていると説かれています。したがって、私たち一人ひとりが阿弥陀さまという仏さまから願いやはたらきを受け続けていることになります。

私たちは、自分のかける願いのことはよく知っていますが、自分にかけられている願いにはあまり気づこうとしないものです。

「親になって初めて知る親の願い」

という言葉がありますが、自分が子どもに願いをかけるようになって初めて、自分にかかっていた親の願いにようやく気がついたという意味でしょう。それは、私たちが自分の背後にある願いに気がつきにくいということを示しているといえます。

拝まない者もおがまれている

長年にわたって小学校の先生として勤務され、すばらしい教育者として、ペスタロッチ賞や正力松太郎賞を受けられた故東井義雄《とういよしお》先生は、数々の書物も著されました。その中の一つに、『拝まない者もおがまれている』（一九八六年　光雲社）という題名の書物があります。これは、仏さまはこちらを向こうともしないものに向かっても、怠ることなく常に願いをかけてはたらき続けておられるということを示した言葉です。こちらを向くから助けるというのは人間の論理ですが、まったく見返りを求めないのが、まことに他を慈しむ活動なのです。この仏さまの願いやはたらき、すなわち「終わりなき慈悲」に気づく時、自らにそのような願いがかかっているにもかかわらず、自分の願いしか見ていないという、自分中心のあり方に気づくことでしょう。そして、自分にかけられていた慈しみのこころに気づく時、他の人々を思いやるこころが少しでも芽生えてくることでしょう。そうすれば、人生のあり方にも少しずつ変化が訪れるのではないでしょうか。

ほら、そこで、陽の当たるベンチで居眠りをしている、あなた、そうあなたですよ。起きましたか？　あなたにも、今、仏さまの願いがかけられていることに気づかれましたか？

【父の言葉】

桜の季節となりました。咲き誇る花びらが、風に散ってゆくさまを眺めていると、数年前のこの季節に、僧侶としての生涯を終えた父のことを思い出します。

色々な人から父の思い出話を聞きました。その中の一人に、ある女性が居られました。その方は若い頃に自らの不注意によって最愛の息子を亡くされたのでした。いいようもない悲しみに沈んでいるその方に、住職であった父が、

「どんな気持ちで仏壇《ぶつだん》に参っていますか？」

と尋ねたそうです。彼女が、

「それはもう『一郎ちゃんごめんね！　一郎ちゃんごめんね！』と、名前を呼びながらお参りしています」

と応えたところ、父は、

「『一郎ちゃん、一郎ちゃん』と呼んでお参りしていたら、二度と会えないですよ」

といったのです。その方は、

（住職は子どもを亡くしたことがないから、そんなことがいえるのだ）

と大変立腹されたそうです。

ところが、やがて時が経ち、その方はあの時の父の言葉をきっかけとして、仏教の話を聞くようになっておられたのです。そして私にこうおっしゃいました。

「七回忌《しちかいき》の頃になって、ようやく住職さんのおっしゃる意味が分かってきました。一郎の姿を追い求めて、いくら『一郎、一郎』と呼んでも二度と会うことができない。けれども、南無阿弥陀仏とお念仏をさせていただくようになったら、仏さまの世界に生まれていった一郎と出あうことができる。お父さまはそのことを私に教えてくださったのです」

と懐かしそうに話されました。

この世の別れは辛く悲しいに違いありません。想い出を辿《たど》って偲《しの》ぶことも大切なことであります。でも、それだけに止《とど》まらず、亡き人が仏さまとなって私に願いをかけ、私をさとりに導こうとされていると感じることができたならば、亡き人との新しい出あいがあることでしょう。

【花まつり】

四月八日になると、お釈迦さまの誕生を祝す行事が各地で行われます。今では「花《はな》まつり」と呼ばれるこの行事は、実は奈良時代から行われ、平安時代の始めには天皇や皇族によって宮中でも行われていたようです。

お釈迦さまが誕生された時、空から龍がやってきて、「よい香りのするお湯」をお釈迦さまの身体に注ぎかけたという話が伝わっています。この話に基づいて、江戸時代頃から、「子ども姿」（誕生仏）のお釈迦さまの像に甘《あま》茶《ちゃ》をかける儀式が行われるようになりました。そして、この儀式を「灌仏《かんぶつ》会《え》」（仏さまに香水を灌《そそ》ぐ）とか「龍華会《りゅうげえ》」と呼ぶようになったといいます。

京都女子大学の花まつりは、毎年A校舎とB校舎の前で行われます。右手を上に挙げ、左手を下に下げて立っておられる、かわいいお釈迦さまの仏像に甘茶をかけて礼拝する儀式ですが、この誕生仏の姿は、『人々の苦しみを救いたい』というお釈迦さまの強い願いを表しています。

今から二千五百年ほど前に、インドのシャカ族の王子として生まれられたお釈迦さまは、二十九歳で王子の位を捨て、沙門となって修行をされたのでした。そして、三十五歳の時、苦しみや悩みを離れる真実の法に目覚めて「さとり」を開かれます。その後、四十五年間にわたってインド各地をまわり、苦しんでいる人々にあわせて、さまざまな教えをお説きになり、人々をさとりに導かれたのです。

ぜひ一度、花まつりの甘茶を味わってみられてはと思います。

【百一年目の春】

激震の春

ほんの昨日まで、否、ほんの数時間前まで当たり前であった日常生活が、あっという間に崩れ去り、ほんの少し前まで一緒であった家族がいなくなってしまう。まさに悪夢としかいいようのない東日本大震災が発生しました。被災者の方々は不安で眠れぬ毎日を過ごしておられることでしょう。

眠れないことも辛いけれども、もし仮眠ができたとしても、目がさめた後の方がもっと辛いに違いありません。なぜなら、このとうてい現実とは思えない出来事がまさに現実なのだと、毎回毎回、目がさめる度に、自分自身にいいきかせなければならないからです。悲しみを繰り返し、繰り返し味わわなければならないことほど辛いことはありません。

平成二十三年(二〇一一)は、京都女子大学が創立されて百一年目となる新しい門出の年であります。新たな百年を目指して、百一年目の春が始まろうとする矢先、三月十一日午後二時四十六分、東北太平洋沿岸に大地震が発生し、巨大津波が広範囲に起こって、各地に壊滅的な被害をもたらすこととなりました。さらに、福島第一原子力発電所の事故によって、放射性物質が発電所外に漏れ出すという、非常事態が起こったのです。この原稿を書いている時点で、被災地方の在学生の無事は確認できたものの、詳しい被害の状況は分かっていません。この『芬陀利華』が発行される時には、はたしてどのような事態になっているのか、まったく想像すらできません。

想定間違い

そんな中、三月十五日に行われた平成二十二年（二〇一〇）度卒業式において、当時の学長であられた川本重雄《かわもとしげお》先生は、卒業のお祝いに先立って、地震や津波によって被害を受けられた方々へのお見舞いと、尊いいのちを亡くされた方々やそのご家族に対するお悔やみを述べられました。そして、式辞の中で、今回の災害報道で見聞きする「想定外」という言葉が、いかに不適切であるかを指摘されたのです。

今から千年ほど前に多賀城近辺で起こった大津波の記録があったことや、その時の地震が世界で四番目の規模の大地震であることなどを挙げられ、これは「想定外」ではなく、正しく「想定の間違い」というべきであるとおっしゃいました。想定が物を造る側に拠ったもので、ともすれば造る側に都合のよい勝手な想定となっていたのではないか。また、「想定外」の言葉は、「想定の間違い」という人間の責任を、自然に押しつけているように思えると述べられました。建築の専門家である川本学長先生は、物を造る側の論理を優先させることの間違いを示し、人間の自己中心のものの見方にこそ問題があることを指摘されたのでした。

そして、今の私たちにできることは、被災地にできるかぎりの経済的支援を送ることと、消費電力の節約をはじめ、我慢できることはできるだけ我慢をして、社会全体のバランスを壊さず日本の社会をしっかりと支えていくことが大切であると述べられました。

建学の精神の伝統

ところで京都女子大学は、平成二十二年（二〇一〇）に、創始百十一年・創立百周年を迎えました。明治三十二年（一八九九）、私塾「顕道女学院《けんどうじょがくいん》」の誕生を創始としていますが、創始者である甲斐和里子《かいわりこ》先生は、

仏教都市ともいうべきこの京都市に、仏教主義の女学校が、ただひとつもないということは、仏様に申し訳ない……多くの少女たちのことを思うと、ぜひ仏教主義の学校が必要である

（『京都女子學園百年史《きようとじよしがくえんひやくねんし》』九六頁）

と熱い思いをもって、開校に尽力されたのです。その後、明治四十三年

（一九一〇）、京都《きょうと》高等女学校《こうとうじょがっこう》が開設され、この年をもって学園創立の年としています。

そして、いわゆる「東山三校《ひがしやまさんこう》」（京都《きょうと》高等女学校《こうとうじょがっこう》・京都《きょうと》裁縫女学校《さいほうじょがっこう》・京都《きょうと》女子《じょし》高等専門学校《こうとうせんもんがっこう》）時代には、宗教教育の理念を地域社会に向けて実践的に浸透させるべく、社会奉仕活動を積極的に推し進め、大正十年（一九二一）には「三校連合《さんこうれんごう》社会奉仕《しゃかいほうし》会《かい》」が結成されています。この奉仕会の会員は、毎週金曜日に小遣いを倹約して「金一銭」を拠出して募金をしたようです。

さて金曜日の朝になると小さな半円筒の銅製錠前つきの貯金箱を奉仕委員が各教室にくばる。生徒はお昼までにその箱に一銭を入れる。私は今週画用紙を安く買ったから三銭入れよう。私は昨日弟にせびられて一銭しか貯金ができなくて申しわけない。などという話がそこここで聞かれた。教員室といってもその頃は三校合同だったが、そこへは生徒が貯金箱をガラガラふりながら集めにくる。当時「奉仕奉仕つくつく法師」などという語呂合わせまではやりだした　（『同』一六一頁）

と記されています。この奉仕会の活動があったため、大正十二年（一九二三）に起こった「関東大震災」の際には、大々的に救済募金活動が行われました。東山三校から二十名ずつ十班のグループを編成して、生徒らが四条寺《しじょうてら》町《まち》や今出川寺町《いまでがわてらまち》、四条大宮《しじょうおおみや》、烏丸《からすま》七条《しちじょう》など主要な街頭に立って精力的に募金活動を行ったのです。

親鸞さまの教えを建学の精神とするわが京都女子大学は、創立当時の熱い思いを伝統として、それぞれの時代において、宗教教育の理念を何とかして実践しようとしてきたのでした。

仏さまの慈しみに育まれ

東北地方の被災地では、災害当初、被災を免れたスーパーなどで、思ったほど被災者に必要な日用品等が購買されなかったそうです。それは、自分たちで生活用品を買える人々が、もっとひどい被災状況にある人たちを気遣って、その人たちの分を買うことを控えたからだそうです。

ところが一方、計画停電がなされた都会の一部では、非常食や生活用品を買い占める現象が起こったことが報道されました。計画停電の施行の不手際が不安を募らせたとはいえ、被災地の人々の思いやりに反して、なんと自己中心的なありさまでしょうか。

人間の自己中心的なありさまは、なまなかなことでは拭い去れないものです。だからこそ、その自らのありさまをしっかりと見つめていかねばなりません。仏さまはそのような私のありさまを見据えた上で、大いなる慈悲の心で私にはたらきかけてくださいます。その大いなる慈悲の心にふれた時、仏さまの慈しみに育まれて、他の人々のためにできること、凡夫の身でありながらも、何か自分にできることをさせていただくのが仏教徒の歩むべき姿といえましょう。この『芬陀利華』が発行される頃には、受け継いだ伝統を噛みしめ、新たな実践を行う京都女子大学の「百一年目の春」が訪れているに違いありません。

【沈黙を聞く】

東日本大震災後、一年が経ちました。先日、講演会で震災後のお話を聞きましたが、ある避難所では、

「心のケアお断り!」

という張り紙がしてあったといいます。この一年間、何かお役に立ちたいと多くのボランテイアの方々が避難所を訪れられました。中には、心のケアをされる方々も訪れられています。そのケアによって、心の不安を和らげた方も多かったでしょうが、この張り紙があった避難所では、それがうまくいかなかったようです。

家族を亡くされた方の中には、その時のことを想い出したくないと思っておられる方も少なくありません。そっとしておいてほしいと思っている時に、

「話を聞かせてください」

と尋ねられ、しかも、したり顔で、

「その気持ち分かります」

などといわれたりすると、

「簡単に分かってたまるか！」

というお気持ちになられても不思議ではないでしょう。

先の講演会では、辛い気持ちの話を聞かせていただく時に最も大切なことは、「沈黙を聞く」ことであると述べられていました。本当に辛い時には、

涙さえも出ないもので、心の底には辛い気持ちが「固まり」のようになっています。けれども、話したくても言葉にならないから黙っているしかないのです。そんな沈黙の時間をともにすることこそが、「沈黙を聞く」ことに他ならないのです。

仏さまの前に、静かに座ってお参りをすることは、辛さを抱えている方にとって、とても大切な時間になるかもしれません。やさしいお顔や眼差しは、どこまでも、沈黙を聞いてくださるように思えるからです。

人の悲しみや辛さに寄り添うことは、本当に難しいものです。仏さまの慈悲の心を思い浮かべながら、自分にできることを常に考えることが、とても大切なことであると思われます。

【あっ、ゾウさんや】

幼稚園の子どもたちを連れて、動物園を訪れた経験があります。幼い子どもたちの集団を後ろから見守っていると、子どもたちの見える範囲が大人に比べて少ないためなのでしょうか、自分のごく身近な周りしか見ていない子がほとんどであります。

そのせいで、歩いて行く少し先に、大好きな象が繋がれていることになかなか気がつかないのです。大人には、随分手前から、足を繋がれ園舎の外に出ている象が見えるのですが、幼い子どもたちはまったく気づかずに歩いています。

やがて、ごく近くまでやってきて、一人の子どもが気づきます。気がつくやいなや、その子はものすごく大きな声で、

「あっ、ゾウさんや！」

と叫ぶのであります。自分よりはるかに大きい象を見た幼い子の感動が、「あっ、ゾウさんや！」という声となって現れるのです。そう考えると、声を出しているのはその子どもに違いありませんが、その声を出さしめているのは象の偉大さといってよいのではないでしょうか。

仏さまの名前を口にする南無阿弥陀仏の念仏も、声を出しているのは紛れもなく自分でありますが、声を出さしめているのは、実は仏さまの偉大さや慈しみの心に他ならないのです。親鸞さまのいう他力《たりき》の念仏とは、仏さまのはたらきに催されたものなのであって、決して自分の善根《ぜんごん》ではない

のです。

ところで、最初の子の、

「あっ、ゾウさんや！」

の声を聞いた他の子どもたちは、一斉にキョロキョロして、象を探し始めました。そして、象を目にした瞬間、みんながみんな、同じように、

「ゾウさんや！」

と大声でいうのです。最初の子の声は、次の子の声を生み出すのです。そして、それらの声は、いずれも象の偉大さがいわしめていることに変わりはありません。

一人の念仏の声は、他の人々の念仏を生み出すことになるのです。そして一つ一つの念仏はいずれも仏さまのはたらきによって、催されたものな

のです。

【Sakura Sakura】

京都女子学園の同窓生が集う「ホームカミングデー」の第十回大会には、京都女子高校《きょうとじょしこうこう》の卒業生で、シンガーソングライターの白井貴子《しらいたかこ》さんの記念講演がありました。その中で彼女は、映画の主題歌「Sakura Sakura」を歌われましたが、それは「高峰譲吉《たかみねじょうきち》」という博士の生涯を綴った映画でありました。彼女は、その縁で高峰博士の偉大さをあちこちで紹介されているそうです。

高峰博士は、安政元年（一八五四）に富山県に生まれられ、明治・大正時代に活躍された化学者であります。「タカジアスターゼ」、「アドレナリン」

を発見された博士は、世界的に著名な化学者でありました。そして、日清・日露の戦争によって、世界の中で次第に立場を危うくしていく日本の未来に、非常な危機感を持っておられたようでした。

そこで、大正元年（一九一二）、アメリカのワシントンに、日本人の心の象徴として、桜の木六千本を私財を投じて寄贈され、アメリカと日本の友好関係を築こうとされたのであります。映画では、その高峰博士の苦労が描かれているのです。白井さんの講演では映画のプロモーションビデオを映してくださいましたが、そこには、主題歌の「Sakura Sakura」を彼女だけではなく、日米の子どもたちが合唱する映像が含まれていました。

日米の子どもたちが合唱する姿を見て、あらためて思うことは、この子たちに決して戦争の悲惨さを味わわせてはならないということであります。

われわれ大人たちは、この国が再び危うい方向に行かないように、細心の注意を払わなければなりません。仏教者ならば尚更のことであります。

新緑の刻

【向こうにあるもの】

科学の最先端

小惑星探査機「はやぶさ」が平成二十二年（二〇一〇）の六月十三日、地球に帰還し、大変な話題となりました。「はやぶさ」は、ロケット開発の父である糸川英夫《いとかわひでお》博士にちなんで名づけられた小惑星「ITOKAWA」に、三億キロの距離を経て辿り着き、惑星の物質のサンプルを持ち帰るというミッションを果たすべく、平成十五年（二〇〇三）五月九日に打ち上げられたのでした。その後、数々のトラブルを乗り越え、七年間にわたる飛行を果たして遂に地球に帰還し、搭載カプセルをオーストラリアに落下させせて、その機能を終えたのです。

この一連のニュースを見聞きして、小さな探査機の偉業に心躍らせるとともに、果てしない宇宙に対し、あらためて思いを巡らした人も多かったことでしょう。カプセルの中身については地球誕生に関する貴重な情報が得られるかと期待されていますし、今後の研究によっては、宇宙の発祥について、さらに新たな情報が得られることでしょう。

しかしながら、科学の最先端にいる研究者は、一流であればあるほど、現在の人間の既知な情報に比して、人間の未知なる世界がどれほど膨大であるかということを知っているに違いありません。つまり、一般のわれわれは、科学の画期的な発展によって新たに分かってきたことに心躍らせて感嘆したりしますが、その科学の最先端にいる人々は、果てしない未知に比べて、人間の既知がいかに些細なものに過ぎないかということをより熟知しているのでしょう。

既知と未知

ところで、阿弥陀さまの西方極楽浄土《さいほうごくらくじょうど》は、「ここを去ること十万億土を過ぎた世界」として経典に説かれています。現代人の多くは、このような世界は、宇宙を知らなかったかつての人々が想像した世界に過ぎないと考えています。そこには、現代人のわれわれは既に知っているけれども、昔の人々は未だ知っていなかったという思いが見え隠れしているのです。けれども、その現代人の既知とは、果たして一体いかほどのものなのでしょうか。繰り返していえば、現代人でも昔の人であっても、人間の既知に比べて膨大な未知があることを決して忘れてはならないのです。現代人とかつての人々との既知の差は、膨大な未知に比べれば、そう大した差ではないといえるのではないでしょうか。

さらにいうと、果たしてかつての人々は、西方極楽浄土について、単純に西方にユートピアのようなものがあると考えていたのでしょうか。かつての人々も現代人と同じように、自らが居る世界に生存し、目に見え、手に触れる世界を現実のものとして把握してきたに違いありません。自分たちの目には見えず、手に触れることはできないが、この現実の世界を離れたユートピアの世界があると、単純に、むやみやたらに信じ込んでいたのでしょうか。そう考えるのは、かつての人々に比べて知識があると考えている現代人の驕《おご》りではないでしょうか。

かつての人々は、あのお釈迦さまが説いてくださった、大切で尊重しなければならない経典の中には、西方に極楽世界があると示され、その世界の様子がさまざまに説かれてあるが、

「このことは一体どういうことを意味しているのか」

「何ために説かれている内容なのか」

ということについて、真摯に思いを巡らせてきたのではないでしょうか。

例えば、「阿弥陀」とはもともとインドの言葉でありますが、「無量」や「無限」という意味を持っています。そもそも、「限りない」とか「量りしれない」という意味を持つ阿弥陀さまの世界が、どうして西方と定められ、十万億土を過ぎた処と限定されて表現されているのか、無限なるものと人間との関わりはどう表現されるべきなのか、お釈迦さまはこのことによって

人々に何を伝えようとされているのか等々、かつての人々は、これらの点について沈思熟考《ちんしじゅっこう》してきたのであって、現代人が思うほど単純でないことは間違いないと思われます。

金のドラえもん

これに比べて、現代人が人生の終焉をどう受け止めているかについては、まことに心許ないといわざるを得ないのではないでしょうか。『今、浄土を考える』(二〇一〇年　本願寺出版社)という本の中で、父親を亡くしたばかりの四十代の男性と、その男性の中学時代の恩師で今は浄土真宗の住職となっている先生との対話が示されています。その中で、その先生がある譬喩を使って、男性に浄土の世界を述べている一段があります。それは、金の塊を二〜三歳の幼児に与えても興味を示さないのは、大人と違って価値が分からないからですが、もしもその金塊で「ドラえもん」の人形を造ってやるとすると、子どもは大切にするに違いないという譬喩であります。

「それなら、きっと放さないでしょうね。大事にするに違いありません」

「それとおなじで、人間にさとりそのものの世界を示しても、価値が分からないから何とも思いません。けれども、形を示すと、その形に惹かれて結果としてさとりを大事にし、さとりに導かれていくことになります」

「なるほど。お経に説かれている浄土のさまざまな様子というのは、金のドラえもん人形にあたるということですね。そうか、私たち人間に応じて形が示されているということか…」

「浄土のさまざまな様子は金の人形にあたる。しかも、金の人形はどこを切っても金です。子どもにはドラえもんであることが大事なんでしょうけれど、本当は金で出来ていることが大切なんですね。それと同じで、浄土のさまざまな荘厳は、どれをとっても本質的にはさとりそのものであり、人間を超えた真実で清浄なはたらきである、というところが大切なんです」

（『今、浄土を考える』三八～四〇頁）

※筆者要約

この一段には二つのことが示されています。その一つは、言葉や形として表現されるものの向こう側にある世界、向こう側にある真理というものに目を向けないことには、言葉や形そのものを見ていただけでは意味をなさないということであります。

そして、もう一つは、そうはいっても人間は、結局のところ言葉や形で表現されたものによってしか、その向こうにあるものを想像することができないということであります。夕焼けの風景に広大なものを感じるのは夕焼けを見ることによって可能となるように、形の向こうにある真理は形によって理解されることでしょう。

「この世の寿命を終えて西方浄土に往生《おうじょう》する」

というより、

「無限の宇宙の根源に到達する」

とか、

「永遠の生命に立ち帰る」

という言葉の表現をした方が、なんとなく理解したような気分にはなりますが、どちらの表現もドラえもんの金の人形であって、そう変わりはないのです。いずれにしても、人間は金の人形によって、言葉や形の向こうにあるものに導かれていくことになるのではないでしょうか。

【にない堂】

五月二十二日に行われた降誕会《ごうたんえ》バスツアーで、久しぶりに比叡山《ひえいざん》に登りました。新緑の映える青空のもと、外界を離れた山頂で、清々しい空気に包まれながら参道《さんどう》を歩くのは、なんともいえない心地よさであります。また今回は、普段は入ることのできない西塔《さいとう》の常行堂《じょうぎょうどう》に入れていただくこととなっており、特別な思いでお参りをしたのでした。かつて親鸞さまが比叡山におられた時、常行堂の「堂僧《どうそう》」であったと妻の恵信尼《えしんに》さま（一一八二〜？）の手紙に記されています。親鸞さまが比叡山でどのような修行をされていたかの一端を知る、めったにない機会であります。

法華堂《ほっけどう》と常行堂の二つのお堂は、一つの廊下で繋がっていて、物をになう形に似ていることから「にない堂」とも呼ばれています。向かって左側が常行堂であります。ガイドさんの丁寧な説明の後、木漏れ日が彩る中、いよいよ、お堂の内部に入ります。入り口を入ると、正面には阿弥陀さまがご安置されています。そして堂内の柱と柱の間には、ちょうど人間の脇の高さ位のところに、数本の太い竹が括りつけられています。

常行堂とは「常行三昧《じょうぎょうざんまい》」を行うお堂でありますが、常行三昧とは、心に阿弥陀さまを念じつつ、口に南無阿弥陀仏を称《とな》えながら、堂内を時計回りに、九十日間不眠不臥《ふみんふが》で歩行し続けるという荒行《あらぎょう》であります。「不臥」とは、「横たわってはならない」という意味で、堂内の竹は、横たわることのできない行者さんが、身体を支えるために使うもののようです。お堂の右側の柱と柱の間には、一カ所だけ竹が二本平行に括りつけてありましたが、一本では支えきれなくなるほど疲労した時には、二本の竹の間に入って両脇を支えて体力を回復させるためのものでしょう。まことに凄まじい荒行であります。

堂僧であられた親鸞さまが、常行三昧の厳しい修行をされている姿を想像して、思わず胸に迫る思いが起こったことでした。

【新歓コンパ】

新学期になって一カ月余りが経ち、五月のゴールデンウィークが終わった頃には、大学の各種クラブや同好会で、新入生歓迎のコンパなどが催されていることでありましょう。私が顧問をしているクラブでも、ネットを使って、学生さんたちが実にリーズナブルなコンパ会場を探してきてくれます。「食べ放題・飲み放題〇〇円ポッキリ」という、例のあれです。自分自身の学生生活を振り返っても、お金のない時代に、この「食べ放題・飲み放題」は実に助かった想い出があります。下宿や寮の生活の中で、限られたお金を切り詰めている学生さんの努力には、本当に頭が下がる思いがします。

ところが一方で、ホテルや旅館の朝食で行われているバイキング会場でよく目にするのが、お皿一杯の量を取り込んだものの、結局は食べきれずに残している人たちです。思わず取り過ぎたというならまだしも、ケーキバイキングなどで見え隠れするのは、せっかくお金を払っているのだから、たくさん食べなければ損だという姿勢であります。「食べ放題・飲み放題」も、

「制限時間内にたくさん食べなければ、飲まなければ損だ」

となったなら、それは少し品がないといわれても仕方がないでしょう。

介護保険という制度ができていますが、

「せっかくお金を払っているんだから使わなければ損だ」

という人がいると聞いています。自分さえよければいいというのは、人間の根源にある自己中心性ですが、そのありさまをしっかりと見つめ、節度

や嗜《たしな》みを保つようにしたいものであります。せっかく仏さまの教えを聞かせていただいているのですから…。

白き蓮華のひらく刻

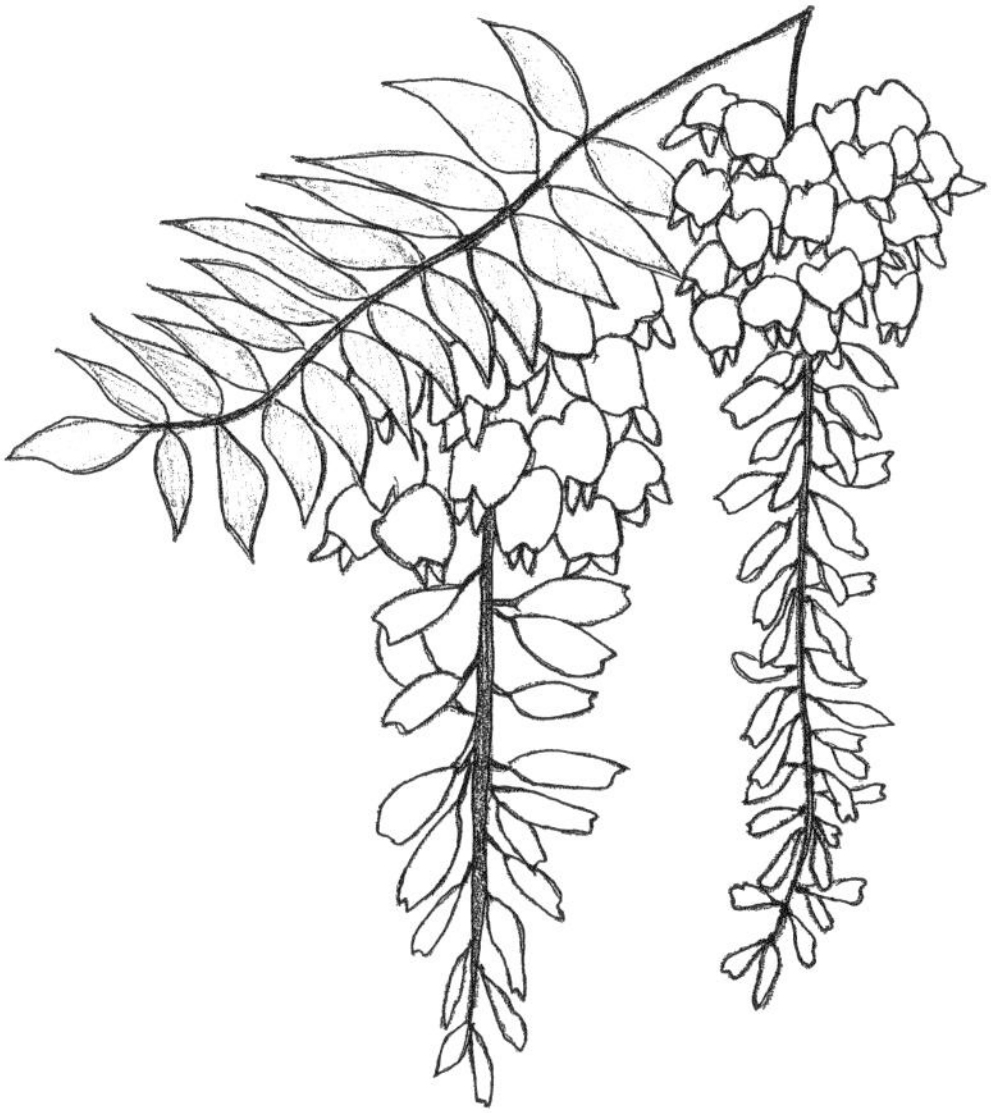

【王舎城の悲劇】

王舎城《おうしゃじょう》の悲劇とは、古代インドの大国マガダ国の首都ラージャグリハ(王舎城)において起こった事件であります。ラージャグリハは現在のラージギールであり、お釈迦さまの時代、マガダ国の最大の都市として栄え、お釈迦さまが最も長く居住されたところでもありました。その王舎城の宮殿において、さまざまな人間模様を織りなす悲劇は起こったのです。

王子誕生

マガダ国のビンビサーラ王には、跡継ぎがいませんでした。何としても子どもが欲しいと思った王は、あちこちに霊験《れいげん》を求めて祈願《きがん》をしますが、その願いは叶いませんでした。そんな時、一人の占師がやってきて、王に次のように予言します。

「ある山中にいる仙人が三年の後に寿《いのち》を終え、王の子として生まれ変わることでしょう」

と。この予言を聞いた王は、直ちに仙人に使者を遣わし、

「年老いた王は、もはや三年の長きを待てない。王のために早くいのちを捨てて王子となって欲しい」

と懇願したのであります。

しかし、仙人は王の無茶な懇願を聞き入れはしませんでした。王は、再び使者を遣わし、密かに使者に、

「一国の王の謙《へりくだ》った頼みを再度拒むならば、王の命令に背く者として
　殺害せよ」

と命じたのであります。はたして、使者は仙人に王の懇願を再度伝えまし
たが、やはり仙人は聞き入れず、ついに使者は王の命令通り、仙人を殺害
したのであります。仙人は、いまわの際に、

「もしも私が王の子となって生まれ変わることがあれば、必ずこの怨《うら》
　みをはらさずにおくまい」

と叫びつつ、いのちを終えたのでした。

仙人の死後、間もなくして、王は王妃イダイケから、懐妊したという言
葉を聞きます。王は大いに喜びましたが、先の占師を呼んだところ、

「この子は成長後、必ず王に害を与えるでしょう」

と予言したのであります。王は、一旦は、

「わが国土はすべてこの王子に与えることになる。たとえ害を与えられても畏《おそ》れることはない」

と思ったものの、やはりイダイケのお腹が大きくなるにつれて、占師の言葉が気になり始めるのです。

そこで、イダイケの臨月が近づいた頃、王はイダイケと密かに相談し、なんと赤ん坊を高楼《こうろう》の上から産み落とすことを計画したのです。王が害されることを畏れたイダイケも、王のこの計画に賛同せずにおれず、赤ん坊を地面に産み落としたのでした。しかし不思議なことに、産み落とされた赤ん坊は、小指を怪我しただけで、奇跡的に一命を取り留めたのです。助かって泣きじゃくる赤ん坊を見た王と王妃は、自らの振る舞いの恐ろしさに気づき、大いに後悔をして、王子を懸命に育てたのであります。

アジャセの悪逆

やがて、すくすくと成長した王子は、王族の人々からは「善見太子《ぜんけんたいし》」と呼ばれていましたが、王族以外の人々からは、「アジャセ太子」と呼ばれていました。「アジャセ」とは、「未生怨《みしょうおん》」という意味の言葉であって、「生まれる前から父に怨みを持っている」ということを示しています。順当に成育し、何の邪念も懐いていなかったアジャセに、アジャセの名で呼ばれる由来、つまり出生の秘密を教えた人物がいました。それが、お釈迦さまの従兄弟であり、お釈迦さまに取って代わって、仏教教団の長となることを目論《もくろ》んでいたダイバダッタでありました。

ダイバダッタはアジャセに、

「太子よ、釈尊は年老いた。私は釈尊を除いて新しく仏となる。父の王も年老いた。太子は父王を除いて新しく王位に就くべきである。新王と新仏となって人々を治めようではないか」

と唆《そそのか》すのです。純粋なアジャセは、その言葉を聞いて大いに怒り、

「お釈迦さまや父王を除くなどあってはならない」

と拒否しますが、ダイバダッタは、アジャセの小指の怪我の原因となった、王と王妃の過去の所業を明かし、生まれながらに怨みを持つアジャセの名の由来を話すのでした。

最初は信じなかったものの、巧《たく》みなダイバダッタの唆しに乗ってしまったアジャセは、過去の怨みをはらそうと思い込み、父王ビンビサーラを牢

屋に幽閉《ゆうへい》して、食事を与えずに餓死させようとするのです。王妃イダイケは、自らの身体を洗い清め、小麦粉の麦焦がしにヨーグルトと蜂蜜を混ぜたものを身体に塗り、また胸飾りにブドウの汁をつめて、密かに王に差しあげて、王のいのちを繋ぐのでした。父王は、イダイケから与えられた食事を得て、お釈迦さまの居られる王舎城の耆闍崛山《ぎしゃくつせん》に向かって合掌礼拝《がっしょうらいはい》し、

「私の親しい友である目連尊者《もくれんそんじゃ》を遣わせてください」

とお願いをします。すると、神通第一《じんづうだいいち》の目連尊者が飛来して王に八戒斎《はっかいさい》を授けられ、また説法第一《せっぽうだいいち》の富楼那尊者《ふるなそんじゃ》もやってきて、王のために尊い教えを説いてくださいました。

王が牢屋に幽閉されて三週間後、アジャセが牢屋にやってきて、牢番に尋ねます。

「父王はまだ生きているか」

と。牢番は、

「お元気です。王妃が密かに食事を与えられ、仏弟子《ぶつでし》が教えを説かれます。私どもには制止できません」

と答えました。その答えを聞いて、アジャセは激怒し、父王の味方をする母を怨み、剣をとって殺害せんとしたのです。その時、月光《がっこう》と耆婆《ぎば》という大臣が必死でアジャセを止め、

「もしも母君を殺されるなら、私どもも手向かいます」

と剣をつかんだのです。アジャセは大臣たちの剣幕に押され、母を殺害することは思い止まり、王宮の奥深くに幽閉したのでした。イダイケからの食べ物が途絶えてしまったために、父王は獄中でいのち尽きてしまいます。

幽閉されたイダイケは、深い悲しみと憂《うれ》いに打ちひしがれました。夫である王を自らの息子によって殺され、さらには自分自身も息子によって殺されそうになったのですから。イダイケは、王舎城の耆闍崛山に向かって礼拝し、

「目連尊者と阿難尊者《あなんそんじゃ》をお遣わしになってください」

とお願いをするのでした。すると、目連と阿難を遣わされたお釈迦さまは、自らもイダイケの前に立たれ、身を投げ出して号泣し悲しみにくれるイダイケのために、静かに教えを説かれるのです。この時の説法が『仏説観無量寿経』なのです。

そしてまたお釈迦さまは、父王を殺害した精神的苦衷から心身ともに病となってしまったアジャセを救うためにも教えを説かれます。その一連の

様子が説かれたのが『大般涅槃経《だいはつねはんぎょう》』なのです。

悲劇が示すもの

この王舎城の悲劇に登場する人物は、何としても子どもが欲しいと王の権力を振りかざす父、また、埒《らち》もない占師の言葉に振り回されて自らの子どもを殺害しようとしてしまう父と母、他人の言葉に唆されて自らを怨みを持つ者と思い込み、育ててもらった恩を忘れ去ってしまった子、自己の栄光のために手段を選ばず従兄弟であるお釈迦さまをも亡き者にしようとする男など、さまざまな人間の煩悩が象徴的に示されています。悲劇とは、そうならざるを得ないように示しつつ、実は、煩悩に振り回されて自ら悲劇をなしていく、自己中心的な人間のありさまを述べるものなのであります。

【善導大師の伝道】

當麻曼荼羅

平成二十五年（二〇一三）四月六日から六月二日の二カ月間にわたって、奈良の国立博物館では、當麻曼荼羅《たいままんだら》完成千二百五十年記念として、特別展「當《たい》麻寺《までら》―極楽浄土《ごくらくじょうど》へのあこがれ―」が催されました。展覧物のメインは、なんといっても、国宝「當麻曼荼羅」でありました。千年以上の歳月を経た曼荼羅は、色合いも薄れ、にわかには判明し難い形状ではありますが、中将《ちゅうじょう》姫《ひめ》が一夜にして織り上げたと伝説される曼荼羅の伝統の重さを充分に感じることができたことでした。

けれども、この當麻曼荼羅は、その織り技からして、中国で織り上げられたものか、もしくは伝来したものを模して製作されたものと推定されています。そして、この曼荼羅の中国製作に関係するのが、日本の法然《ほうねん》さま（一一三三〜一二一二）・親鸞さまに大きな影響を与えたことで知られている、唐《とう》の善導大師《ぜんどうだいし》（六一三〜六八一）なのです。

善導大師の時代

隋《ずい》の末に生まれられ、唐の始めに活躍された善導大師は、師であった道《どう》綽禅師《しゃくぜんじ》（五六二〜六四五）が亡くなられた後、三十三、四歳頃に華北《かほく》の西河《さいが》から長安《ちょうあん》の都に移ってこられます。ちょうどこの頃、玄奘三蔵法師《げんじょうさんぞうほうし》（六〇〇または六〇二〜六六四）が、夥《おびただ》しい数の経論疏《きょうろんしょ》とともに多年のインド遊歴の旅から帰国されており、中国仏教が大きく花開こうとしている時期であったといえるでしょう。そのような頃、善導大師は、長安の南の終南山《しゅうなんざん》に住居されながら、しばしば都を訪れ、王城西側の西市の近くにあった光明《こうみょう》寺《じ》の浄土院《じょうどいん》において、大衆に浄土の教えを宣説《せんぜつ》されたのでした。善導大師より十七歳年上で、『続高僧伝《ぞくこうそうでん》』を著した道宣《どうせん》師（五九六〜六六七）は、善導大師の行状について、

近《ちか》ごろ山僧善導《さんそうぜんどう》という者有《ものあ》り……既《すで》に京師《けいし》に入《い》り、広《ひろ》くこの化《け》を行《おこな》う。『弥陀経《みだきょう》』を写《うつ》すこと数万巻《すうまんかん》、士女奉《しにょしたが》う者《もの》その数無量《かずむりょう》なり。時《とき》に光明寺《こうみょうじ》に在《あ》りて法《ほう》を説《と》く

（『大正新脩大蔵経』五〇　六八四頁上）

と記しています。光明寺の近くにあった西市は、西域《さいいき》の文物が溢れるなど都の活況を象徴する市場であったようです。その西市の近くで、教化伝道されたこともあって、「士女奉うものその数無量なり」とあるように、新しい階層である士大夫《したいふ》や女性たちを中心として、浄土の教えは燎原《りょうげん》に火を放つがごとくに広まっていったのであります。

善導大師の教化方法

善導大師の教化方法はいくつもあります。まずは、『続高僧伝』にもあるように、数万巻から十万巻にわたる写経《しゃきょう》をして（もちろん善導大師一人だけではありませんが）、読誦経典《どくじゅきょうてん》である『仏説阿弥陀経《ぶっせつあみだきょう》』の流布に努められたのです。次に、その『阿弥陀経』を軸として、浄土教《じょうどきょう》の仏事《ぶつじ》を行う方式を

『法事讃』として制定したのです。また、一日を六つの時間に分け、それぞれの時においても仏事を行うことも奨励されました。これがいわゆる『六時《ろくじ》礼讃《らいさん》』であり、この『礼讃』が日本に伝わり、法然門下の住連《じゅうれん》・安楽《あんらく》によって京都鹿ケ谷《ししがたに》の念仏法会《ねんぶつほうえ》で厳修《ごんしゅ》されました。宮廷の女官たちが後鳥羽上皇《ごとばじょうこう》の留守中に、その法要に参詣《さんけい》して、感動のあまり出家をしたことが、上皇の怒りをかうことになり、法然教団弾圧に結びつくのです。このように、『六時礼讃』、『法事讃』等は浄土教の仏事を規定し、さらにそれを音楽的に彩ることによって人々を法悦《ほうえつ》に導くものであったのです。

そして、もう一つが「浄土変相図《じょうどへんそうず》」または「観経曼荼羅《かんぎょうまんだら》」と呼ばれるもので、『観無量寿経』の内容を絵画で示し、その絵解《えと》きをしながら、経典の内容を説いていくという教化法でありました。善導大師は、このような

「観経曼荼羅」を生涯に三百幅あまりも製作したと伝えられていますが、その一部かその系統のものが日本に伝来して「當麻曼荼羅」となったのではないかと推定されています。約四〜五メートル四方の「當麻曼荼羅」の前に立ってみますと、「イダイケ夫人という煩悩に振り回された女性が、お釈迦さまの教えによって阿弥陀さまの救いの法に出あう」という『観無量寿経』の内容を、長安の群衆の前で説法されている善導大師の姿が想像できるように思えます。

また、晩年の善導大師は、則天《そくてん》武后《ぶこう》によって大仏を造像する検校《けんぎょう》という役職を命じられ、長安近郊の龍門石窟《りゅうもんせっくつ》に新たな大仏像を完成させておられます。

このように善導大師は、写経という書道を教化の方法とされたり、仏事を行う際に声明《しょうみょう》という音楽的要素を取り入れられたり、曼荼羅という絵画や造像という建築の知識によって、視覚的に人々を浄土の世界に導かれたりされました。まさに「善導」という名にふさわしい、さまざまな教化方法を駆使されていたことが窺えるのであります。

仏教が人々に伝わる時、その伝導体となるものがさまざまに存在致します。それは書であったり、音であったり、絵であったり、建物であったりと、実に多種多様であります。と同時に、その伝導体には、この法を伝えんという熱意を持った人物が介在していることを忘れてはならないのです。

【さようならば】

　平成二十四年（二〇一二）の京都女子大学「卒業生のための合同礼拝」では、東京大学《とうきょうだいがく》名誉教授《めいよきょうじゅ》の竹内整一《たけうちせいいち》先生に、「尊いとはどういうことか」という講題でお話しいただきました。講演の中に親鸞さまのお話は出てきませんでしたが、講演後の控室の雑談では、

「私の考え方の基盤には、親鸞の考えがあります」

と話されていました。

　先生の著書に『日本人はなぜさようならと別れるのか』（二〇〇九年　筑摩書房）があります。そこには、日本人には「さようであるならば」と今

までの「こと」を確認し終えて、次に新しい「こと」に移行し始めようとするところがあり、そこから「さようなら」が日本人の別れのあいさつになったと記述されています。

今生の別れについても論究されていて、親鸞さまはそれまでの浄土教思想とは全く違い、明日の死後世界ではなくて、生前の今日の世界においての救いを説き、単に明日そのものではなく、明日に向かっての今日の救済であったことが大事なポイントであると記されています。

浄土というと、未来のこと・死後のことと考えがちでありますが、死後が遠い未来と考えるのは自分勝手な思い込みでしかありません。どれほど名残り惜しいと思っても、いつ何時、死が訪れるかわかりません。私たちがこの世の世界に「さようであるならば」と別れを告げていくことは、い

つ起こっても不思議ではない、「ただ今」のことなのです。そこで経典には、

いますでに成仏《じょうぶつ》して、現《げん》に西方《さいほう》にまします

（『仏説無量寿経』『註釈版聖典』二八頁）

いま現《げん》にましまして法《ほう》を説《と》きたまふ

（『仏説阿弥陀経』『註釈版聖典』一二一頁）

と説かれ、浄土からのはたらきは、この「ただ今」にあるとされているのです。いつ何時「さようならば」となっても、往く先が定まっている。そう味わえるのは、この「ただ今」においてしかないのです。

【スリッパの嘆き】

ここ何年位前からでしょうか、少々気になることがあります。例えば、旅館やホテルに宿泊し、大浴場や食堂などで、スリッパを脱がなければならない場合、ほとんどの人が進行方向そのままに脱いでいるのを見かけます。たくさんの人が集まっている場所で、散乱したスリッパが揃えられずに、進行方向を向いたまま脱ぎぱっなしになっている光景に、なんともいえない情けない気持ちになるのは私だけでしょうか。そういえば、靴を脱いで上がる場所でも、靴を進行方向のままに脱いで上がっていく人が、随分増えたように思います。

ほんの少し立ち止まり、手で履き物の向きを変えるか、身体の向きを変えて履き物を揃えて後ろ向きに上がるかだけの行為でありますが、それが面倒なのでしょうか。それとも、帰り際に履く時、こちら向きにキチンと揃っていることが心地よいと感じる心がなくなってしまったのでしょうか。人間にとって、普段からの身体の習慣は思いのほか大切であります。自らの行為の嗜みによって、心が育まれることも多いように思います。京都女子大学の礼拝の時間に拝読する『ダンマ・パダ』の「たしなみ」の段には、

粗末《そまつ》に葺《ふ》かれた屋根《やね》からは雨《あめ》が洩《も》れ入《い》るそのように
たしなみ足《た》りぬこころにはむさぼりの雨《あめ》が流《なが》れ込《こ》む

とあります。むさぼりの雨は、少しの隙間からも入り込むに違いありません。

小さな子ども用の履き物が、上がり口で向きを変えてキチンと揃えられているのを目にすると、とても嬉しくなります。ちょっとした嗜みを大切にするような日々を送りたいものです。

白き蓮華のひらく刻

【くずめじの道】

『菩提樹《ぼだいじゅ》』（京女講話集）三十三輯《しゅう》には、国文学科中前正志《なかまえまさし》教授が礼拝の時間にされたお話が収録されています。それは、室町時代の国語辞典ともいうべき『下学集《かがくしゅう》』に、京都女子大学のJ校舎前の道（上馬町《かみうままち》の道）が記載されているというお話であります。そこには、三井寺《みいでら》を開いた「教待《きょうたい》」という僧が、その道を通ると、履いていた木履《ぼくり》、つまり木で作った靴が、

「苦集滅道」（くずめじ）

という音を立てて鳴ったので、とても奇異に思ったという逸話が示されています。「苦集 滅道《くじゅうめつどう》」とは、お釈迦さまの最初の説法である「四諦《したい》」（苦諦《くたい》・

集諦《じったい》・滅諦《めったい》・道諦《どうたい》）の法のことで、苦しみの根源にある心の不満足性を滅してさとりに到ることを示す法であります。

『下学集』には、それ以降、罪を犯すなどして京都から関東に左遷されていく人が、この道を通って必ず「四諦の法」を自然とさとると述べられていて、この道を「くずめじ」もしくは「くくめじ」と呼ぶようになったと記されています。

平安時代の末、平氏は五条六波羅《ごじょうろくはら》の地を拠点として役所を置いていましたが、J校舎前の道、すなわち馬町の通りは、その六波羅探題《ろくはらたんだい》から山科《やましな》そして大津《おおつ》を経て、東国《とうごく》に下る主要な幹線道路だったのであります。中前先生は、普段何気なく歩いている道が、いかにいわれのある道であるかを学生たちに話してくださったのです。

この話を読んで、はっと思い至ったのは、あの道が関東に行く道であるのならば、関東から帰る道でもあるということであります。親鸞さまは、六十歳過ぎに、二十年の関東での伝道生活から、京都に戻られました。ということは、その時、この道を通られたに違いないと気がついたのです。

そう思って、上馬町の信号から、渋谷街道《しぶたにかいどう》を見上げると、笠を冠《かぶ》り長い杖をつきながら、六十歳過ぎとは思えないしっかりとした足取りで歩いてこられる、親鸞さまの旅姿が見えるようであります。

普段何気なく歩いていた道が、親鸞さまも通られた道であることに、深い感動を覚えました。

【小判の教え】

江戸時代、両替商の跡取り息子は、物心もつかない幼子の頃に、あるものを玩具として与えられたといいます。その玩具とは、なんと本物の小判でありました。幼子はわけも分からず、光る小判を目にし手で触っては、噛んだり舐めたりして遊ぶのです。そんな幼児体験をしながら、やがて成長して両替商の主となった時、偽金を一瞬で見破ることができるようになっているのです。つまり、本物を肌で知っている者は、決して偽物に騙されないのであります。

江戸時代、「妙好人《みょうこうにん》」と呼ばれるすばらしい念仏者があちこちに居られました。一見すると、無学で愚かな人のようではありますが、本物を肌で感じていた人たちでありました。讃岐《さぬき》の庄松《しょうま》さんは、そんな妙好人の一人であります。

ある時、庄松さんが井戸を掘っていると、一人の男がやってきて、

「おい！　庄松！　こんなところに井戸を掘ってはいかんぞ。ここは鬼門《きもん》じゃ。鬼門に井戸を掘れば、必ず悪いことが起こる。ええか！　掘ってはいかんぞ」

と賢《さか》しげに注意をしたのです。庄松さんが、

「ふ〜ん」

といったので、かの男は満足げに去って行きました。

ところが、男の姿が見えなくなるや、庄松さんは何事もなかったかのよ

うに、再び井戸を掘り出したのであります。様子を見ていた近所の住人が、

「これ庄松！　あの人のいったことをもう忘れたんか。ここは鬼門やそうな。掘ったらあかん！」

とたしなめたところ、庄松さんは掘るのを止めるどころか、一層力を込めて掘り出して、

「心配いらん。鬼門は、もう向こうへ行きよった！」

といい放ったのでした。

本物の宗教に出あっている人は、決して怪しげな偽物に振り回されないのであります。

白き蓮華のひらく刻

【先生の書斎】

平成二十七年（二〇一五）に、京都女子大学や龍谷大学《りゅうこくだいがく》の元教授で宗教哲学者の石田慶和《いしだよしかず》先生が往生されました。先生は五十年以上前から京都女子大学で教鞭を取っておられましたが、昭和五十一年（一九七六）に龍谷大学に移られました。私はその最初の弟子でありましたが、学部の卒業論文の指導を受けるために、東山聖護院《ひがしやましょうごいん》にあった先生のご自宅を訪れた時のことを想い出します。

まるで、図書館のように書架が林立している書斎に招き入れていただき、対面している先生に、恐る恐る卒論のテーマを書いたノートをお見せしたのであります。すると、先生はすっと立ち上がって、書架の間に入っていかれ、しばらくしてたくさんの蔵書の間から、一冊の手書きの冊子を持ってこられました。

パンパンとホコリを払われて、

「マスター（修士）の時に書いたもんだから、もう何を書いていたか忘れてしまったけど…」

とおっしゃって、その冊子を手渡されたのです。それは、先生の京都大学《きょうとだいがく》大学院《だいがくいん》の修士論文でありました。何のことかと思いながら、その論文のテーマを見てみると、なんと驚いたことに、私の論文テーマと全く同じでありました。口数の少ない先生は、

「卒論を書く前に読んでみなさい」

という意味で手渡されたのであります。

しかも、その修士論文には、当然のことながら主査と副査の教授のサインがしてあったのですが、そこにはなんと、昭和の思想界を代表する二人の哲学者、西谷啓治《にしたにけいじ》先生と武内義範《たけうちよしのり》先生の名が記されていたのでありました。つまり、このお二人の先生によって審査された、石田先生の修士論文をお見せいただいたのであります。

その場では、万年筆で丁寧に書かれた中身をちらっと見ただけでしたが、先生の修士論文を読ませていただいて、

「同じテーマで卒論を書くなんて、これはとんでもないことになった」と途方に暮れたことを想い出します。今から四十年前、東山のある日の想い出であります。

朱夏の刻

【祇園の由来】

もう間もなく、京都の夏がやってきます。祇園祭《ぎおんまつり》のお囃子《はやし》の音が聞こえてくれば、蒸し暑さも本格的になるのです。

いうまでもなく、「祇園」はインドの「祇園精舎《ぎおんしょうじゃ》」を由来とします。

祇園精舎《ぎおんしょうじゃ》の鐘《かね》の声《こえ》、諸行無常《しょぎょうむじょう》の響《ひび》きあり

という『平家物語《へいけものがたり》』の冒頭はあまりにも有名であります。

お釈迦さまの時代、インドのコーサラ国の首都である舎衛城《しゃえじょう》にあった祇園精舎は、正しくは「祇樹給孤独園精舎《ぎじゅきっこどくおんしょうじゃ》」といいます。「祇樹」とは、コーサラ国の王子祇陀太子《ぎだたいし》の所有していた樹林という意味です。「給孤独」とは孤独な身寄りのない人々を支援する慈善家という意味で「給孤独長者《きっこどくちょうじゃ》」といい、コーサラ国の長者であったスダッタ（須達多）のことを指します。

コーサラ国と同じく当時の大国であったマガダ国の竹林精舎《ちくりんしょうじゃ》において、お釈迦さまに出あったスダッタは、その教えに感動し、ぜひともコーサラ国にもお越しいただいて、人々に法を説いて欲しいとお願いをします。お釈迦さまの快諾を得たスダッタは、大喜びでコーサラ国に戻ってきました。

そしてコーサラ国内で、精舎を建てるにふさわしい場所を探したところ、王子の祇陀太子の所有する広大な樹林こそが最適であると思ったのでした。

そこで、人を介して太子に土地を売ってくれるようにお願いをしたので

すが、太子には手放す気持ちはさらさらなく、

「あの土地の全てにもらさず黄金を敷き詰めたとしても手放すことはない」

と応えられたようであります。

ところが、それがどう間違ったのか、スダッタには「あの土地のすべてに黄金を敷き詰めたならば手放す」と伝わったのです。そこで、スダッタは全財産を投げ打って、黄金を敷き詰め出したのです。その様子を聞いた太子は、

「お釈迦さまとは、それほどまでに尊いお方なのか」

と大いに驚いて、自らその土地を寄進したといわれます。スダッタはそこに精舎を建てて、お釈迦さまの一行を迎え入れたので、「祇陀太子の樹林」

と「須達多給孤独の園」という二人の名前を揃えた「祇樹給孤独園精舎」
という名がつけられたといいます。

これが「祇園」の由来であります。

【シャボン玉とんだ♪】

抜け落ちた歌詞

みなさんは、「シャボン玉」という唱歌をご存知でしょうか?

♪シャボン玉とんだ
屋根までとんだ
屋根までとんで
こわれて消えた

という歌です。昔の子どもは誰でも歌ったことがある歌ですが、今の時代でも歌い続けられているのでしょうか？

今でも歌われているとしたら、これに続く歌詞は何だかお分かりでしょうか？　この歌をご存知の方たちに歌っていただくと、大抵の場合、これに続いて口をついて出てくる歌詞は、

♪か～ぜ風ふくな
シャボン玉とばそ

となります。私も歌詞の続きを問われた時に、迷わずそう答えました。
ところが、実はそうではないのです。最初の一段と「か～ぜ風ふくな」

の間に以下のような歌詞が入っています。

♪シャボン玉消えた
とばずに消えた
生まれてすぐに
こわれて消えた

これに続いて、「か～ぜ風ふくな、シャボン玉とばそ」となるのです。いわれてみると、「そうだった」と思い出す方も多いことでしょうが、この一段があるのとないのでは、「シャボン玉」の歌全体のイメージが大きく変わるように思います。

無常の風

唱歌「シャボン玉」は、作詞は野口雨情《のぐちうじょう》、作曲は中山晋平《なかやましんぺい》によるもので、この二人は「雨降《あめふ》りお月《つき》さん」、「黄金虫《こがねむし》」、「証誠寺《しょうじょうじ》の狸囃子《たぬきばやし》」など、誰もが一度は歌ったことがあるような唱歌をたくさん制作された名コンビです。「シャボン玉」は、大正九年（一九二〇）に発表されましたが、この歌の制作には、野口雨情のお子さんの死が深く関係しているという説があります。

明治四十一年（一九〇八）三月、野口雨情の長女みどりさんは、「生まれてすぐに」わずか七日間で亡くなってしまいます。旅先でこの報《しら》せを受けた雨情が、嬰児《みどりご》を偲んで作った歌が「シャボン玉」であるといわれています。そう聞くと、「シャボン玉消えた　とばずに消えた　生まれてすぐに　こわれて消えた」とは、まさに赤子のことを意味しているように思えます。「か〜ぜ風ふくな」とは、無常の風と受け取ることもできるでしょう。雨情自身が、それについて何も語っていないので、確かなことはわかりませんが…。

しかし問題は、「シャボン玉」を歌っていた人たちが、私も含めて、この一段の歌詞を抜け落として記憶していることにあります。無常の風は、いつ何時、誰に向かって吹いてくるかわかりません。逃れようとしても逃れることができないのが無常の風であります。けれども、私たちは、まるで自分だけは大丈夫であるかのように日々を送っています。「シャボン玉」の大切な歌詞の一段をたやすく抜け落としていることも、私たちの日常のあり方を象徴しているように思えてきます。

死ぬ練習

「夜、眠れないと嘆く人は多いけれど、朝、目が覚めたと喜ぶ人は少ない」

という言葉がありますが、明日も明後日も当然のように日常が続いていくと思っているから、「朝、目が覚めた」ことを当たり前のように思っているということでしょう。私たちは時として、

「あの人はたまたま事故にあって亡くなった」

というように、「たまたま亡くなった」といいがちです。けれども、本来、「たまたま」は「生きている」について使う言葉です。必ず死んで行かね

ばならないのに、今日も「たまたま生きている」のです。死ぬのが当然で生きているのが偶然なのです。

子どもの頃に歌った歌には、「ぞうさん」や「やぎさんの手紙《てがみ》」という歌もありました。これらの歌を制作されたのは、まどみちおさんですが、まどさんは明治四十二年（一九〇九）生まれで、今年（平成二十五年）、百四歳になられます。このまどさんが、

「九十歳を過ぎてから分かったことがある」

とおっしゃっているのを聞いたことがあります。それは、

「一日一日、朝目が覚めて夜眠る。この繰り返しが人生であるが、これは毎日毎日、死ぬ練習をしているに違いない」

というものでした。

この言葉は、朝、目が覚めて、今日一日の「いのち」が恵まれる。夜、今日一日の「いのち」が尽きて眠りにつく。毎日の一日一日が、「生きては死ぬ」、「生きては死ぬ」の日々であるという意味でしょう。死への恐怖を持ちながらも、自分にはまだまだ無常の風は吹かないと思いがちな人間のあり方を諫《いさ》め、常日頃からの自らの心持ちを示しておられるに違いありません。

今日一日が一生

私たちの日々は、毎日あっという間に過ぎていきます。そして、ついつい「来月の予定は?」、「来週の予定は?」、「明日の予定は?」と先々のことばかりが気になることでしょう。そんな時こそ、今朝目が覚めて今夜眠るまでが「生きて死ぬ一日」と思い、「今日一日が自分の一生」との心持ちを忘れないでいたいものです。私のシャボン玉はどこまで飛ぶのでしょうか。生まれてすぐにこわれなかったことは確かですが、屋根まで飛ぶかどうかはわかりません。そしてまた、無常の風が吹いたら、こわれるしかありません。だからこそ、「今日一日が自分の一生」なのです。

【同窓生】

夏休みに、中学・高校時代の同級生と飲食する機会がありました。テニスショップを経営する彼とじっくり話をするのは、実に四十数年ぶりのことであります。誰もが経験することだと思いますが、久しぶりに同級生と話し始めると、最初はぎこちない会話であっても、瞬く間に当時のごく親しい関係に戻るものであります。彼との会話も、他の同級生の動向などを話すうちに、いつの間にかお互いを当時のニックネームで呼び合うようになっていったのでした。

さらに不思議なもので、やがて彼は、おそらく今の自分の家族にも話さないであろう本音を語り始めました。それは、「死への恐怖」というストレートなものでありました。いい年の大人が他人に安易に話す内容ではないかもしれませんが、僧籍を持つ同級生であるからこそ、誰にもいったことがない自分の本音をごく素直に吐露してくれたのでありましょう。

学生時代から、読書量も多く哲学的な思索に富んでいた彼でしたから、単純に死への恐怖を述べているだけではなく、死とどう向き合うかという死生観のことを話したかったに違いありません。そして、

「最近は親鸞に惹かれているんや」

といい出したので、私にそんな話をする気持ちになったことにようやく頷けたのでした。

「親鸞は結婚をし子どもにも恵まれ、日常の在家の生活をしていった

からこそ、宗教家として信頼できる」

という彼の言葉を聞きながら、病気や死の不安を根底に抱きつつ、それに目を向けずに日常に振り回されて生きている現代人にとって、親鸞さまの教えは何かを与えてくれるに違いないと、あらためて知らされた一時でした。

白き蓮華のひらく刻

【母の願いと息子の涙】

ある先生が、広島の山奥に行かれた時のお話です。小さな小屋になっているバス停に座って、めったにこないバスを待っていますと、母親と息子とおぼしき二人連れがやってきます。息子は、のどかな風景にはそぐわない風体で、髪を真っ赤に染めて鼻にピアスをし、肩から大きなバッグを背負っていました。母親は、ちびた下駄を履いて息子を率いるように歩いてきましたが、少し疲れた顔を息子に向けながら、きつい口調で息子に喋りかけています。

聞くとはなしに聞こえてくる会話の内容からして、どうやら、就職のた

めに村を出ていく息子に対して、母親がこまごまと注意をしているようでありました。先生の耳にも、

「ええか。職場の方のいうことをよく聞くんじゃよ」

などと、母親の声が聞こえてきましたが、息子はというと、一言も応えず「プイッ」とあらぬ方向を見ています。母親は、それでも息子に向かって、

「朝はちゃんと起きて、朝ご飯を食べなあかんぞ」

と声をかけ続けています。

やがてバスがきて、先生は先にバスに乗り込んで席に着いたのですが、後から乗ってきた息子に向かって、母親は後ろの乗車口の階段に片足をかけて、なおも、

「何があっても辛抱するんやぞ！」

と声を浴びせています。母の声から逃れるように、前方の席に座った息子は、相変わらず「プイッ」と横を向いていました。

ところが、バスが動き出した瞬間、なんと下駄を鳴らしながらバスを追いかけて来た母親が、バス前方の窓際の息子にこう叫んだのでした。

「辛くなったら、いつでも帰ってくるんじゃぞ～！」

と。

先ほどまでのいいようとまったく違っています。今までの生活態度をあらためて、職場の方のいうことをよく聞き、辛抱して仕事に専念するようにと、こまごまと注意をしていた母親でありましたが、いよいよ最後の別れとなった途端、今までとは全く違う本音が飛び出てきたのです。それは、息子のありのままをそのまま受け入れている母親の慈愛の心でありました。息子の目にたちまち涙が溢れてきたのを先生は見逃さなかったそうです。

仏さまの慈悲の心とは、この母親のように、あるがままの私をそのまま受け入れるものであって、その心に触れた時、この息子のごとく、私の心に変化が起こるに違いありません。

【仏法領のもの】

さまざまな場面において、環境問題が論じられる際、最も問題になるのは「何故に環境破壊が止まらないか」ということでありましょう。もちろん、それは「何故に自然環境を護るべきなのか」という議論があってのことに違いありません。そして、それらの議論の根底に考えなければならないことは、「そもそも自然環境とは何か」ということであります。

自然環境という言葉を聞いて想い出すのは、あるアニメ映画です。それは、高畑勲《たかはたいさお》さんが監督をつとめたスタジオジブリの『おもひでぽろぽろ』という作品です。都会育ちの若い女性が、山形の田舎に紅花の収穫の手伝いに行き、自分の子どもの頃の心を取り戻していくという内容であったと思います。その映画の中で、とても印象に残るワンシーンがあります。それは、主人公の若い女性が、そこで出あった農家の青年（やがて彼と恋愛するようになるのですが…）と、田舎の風景を見渡せる場所で会話するシーンです。

「わあ！　なんてきれいな田舎の自然の景色なんだろう！」

「これだから困る。都会の人は、森や林や水の流れなんかを見て、すぐ自然、自然ってありがたがるでしょう。これは自然にできたんじゃない。これは人間が造ったものなんですよ」

「人間が？」

「そう、百姓が。あの田んぼや畑はもちろん、あの森もあの林もこの小川も、み〜んなオレたち百姓が、汗水垂らして何代も何代もかかって造ってきたんだ」

この「オレたち百姓が」といい切る青年の自負に満ちた横顔は、私たちに次の問題を提起してくるように思えます。

「われわれの思っている自然とは一体何なのか」

「自然環境とは何なのか」

私たちは普通、ビルの立ち並ぶ都会の風景を人工的といい、田舎の森や川を自然の残る風景だといって、あたかも人の手の加わったものが悪いかのように考えてしまいます。しかしながら、暮らしにより便利なようにと手を加えるという点だけで突き詰めて考えれば、川の流れを変え水田を開墾することと、エアコンをつけて涼み、パソコンを使って買い物をすることは、基本的には同じ路線にあるのではないでしょうか。

人間が生きていく、暮らすということは、もともとの自然環境をどこかで何らかの形で人工的に変化させ、適応させ、言葉を換えれば破壊していくことをせざるを得ないのです。人間が生きるとはそういうことなのでしょう。

これは何も自然環境を破壊していくことを正当化しようとしている訳ではありません。人間が生きる（あらゆるものの生命を奪い、熱を出し、エネルギーを消費する）ということは、地球や宇宙の資源を新たに生み出すことではなく、ただただ自分たちのために使い切ろうとすることに他ならないのです。人間が生きるということは、あらゆるものを消費し続けることでしかないということをいっているのです。

もちろん、人間以外のものも、資源を消費しています。けれども、人間とは質が違っているといわざるを得ないのです。法然さまが菩薩《ぼさつ》の慈悲を説明したものに、以下のような文章があります。

菩薩《ぼさつ》はある時《とき》には肉《にく》の山《やま》と成《な》って人間《にんげん》に喰《く》らい尽《つ》くされ、ある時《とき》には大《おお》きな魚《さかな》と成《な》ってその身体《からだ》を人間《にんげん》に与《あた》える。人間《にんげん》は容赦《ようしゃ》なく人《ひと》を慈《いつく》しむ菩薩《ぼさつ》の膚《はだ》を喰《く》い破《やぶ》り、なに憚《はばか》ることなく慈悲《じひ》の菩薩《ぼさつ》の肉《にく》を喰《く》らい尽《つ》くすのである。菩薩《ぼさつ》の慈悲《じひ》はこれをもって知《し》るべきである。人間《にんげん》の貪《とん》欲《よく》はこれをもって知《し》るべきである

（『漢語灯録《かんごとうろく》』一「大経釈《だいきょうしゃく》」『真宗聖教全書』四　二七九～二八〇頁）

※筆者意訳

人間の貪欲《とんよく》は、まさに凄まじいものであります。人間が生きるためのエネルギー消費は、足ることを知らない貪欲がもととなっているといってよいでしょう。他のもののエネルギー消費とは本質的に異なっているのであります。

美しい田園風景も異臭漂うゴミの風景も、同じく人間の造り出したものに違いありません。そこには人間の「うまく生きたい」という欲望が関わっているのです。しかしながら、少なくともゴミの風景を見つめる私たちの横顔には、あの農家の青年の横顔の持つような自負の輝きを持つことができないことは、いうまでもありません。

本願寺《ほんがんじ》第八代《だいはちだい》宗主《しゅうしゅ》蓮如《れんによ》さま（一四一五〜一四九九）は、廊下に落ちてい

た紙切れをご覧になって、

仏法領《ぶつぽうりよう》の物《もの》をあだにするかや

（『蓮如上人御一代記聞書《れんによしようにんごいちだいききがき》』『註釈版聖典』一二三二頁）

と両手で押しいただかれたといいます。人間が消費してしまうこの世のあらゆるものを「仏法領の物」と受け止めることができたならば、ゴミを出すチェックにも身が入り、ゴミを出す度に少しは仏さまのはたらきを思い起こすようになれるのかもしれません。

人間が生きることが、ただただ膨大なエネルギーを消費するだけに終わってしまうのならば、大して生きる意義などないのではないかと思われます。消費していくものに何を感じていくのか、消費しながら自分は何になっていくのか、そこにこそ、人間の生きる意義が見出せるように思えるのです。

【一行に遇ひて一行を修す】

曹洞宗《そうとうしゅう》の開祖である道元《どうげん》さま（一二〇〇～一二五三）は、若い頃に宋《そう》に渡られましたが、渡航直後に、一人の年老いた僧が訪ねてきたそうです。その老僧は、大きなお寺で修行僧の食事の世話をする「典座《てんぞ》」という仕事をされていました。明日、その大きなお寺で法要《ほうよう》があるというので、お斎《とき》で出す食材に、道元さまが日本から持ってきていた「椎茸」を求めてやってきたのでありました。

若い道元さまは、その年老いた僧侶に何かしら惹かれるものを感じて、「一日、ここに留まって私にいろいろな話をしてくださいませんか」

と懇願されたのでした。ところが、その老僧は、

「私は明日の法要で食事の世話をしなければならない」

と全く取り合ってくれません。

「大きなお寺なのだから、代わりの方がいくらも居られるでしょう」

というと、

「せっかく、典座という台所仕事が私に与えられているから」

と目を輝かせておっしゃるのです。

道元さまが、

「教えの勉強をするのでもなく、座禅《ざぜん》をするのでもない。台所仕事が
それほど大切なのですか?」

と尋ねられました。すると、老僧は道元さまに、

「貴方は日本からいのちがけでやってきた方で、なかなか見所のある優秀な方のようであるが、仏法《ぶっぽう》というものをまだまだわかっておられんようだ」

とおっしゃったのです。

老僧は、

「仏法には『一行《いちぎよう》に遇《あ》ひて一行《いちぎよう》を修《しゅ》す』という言葉があるが、自分に与えられた行いを、徹底的に行うという意味である。どんな仕事であっても、それが私に与えられている意味があるに違いない。その仕事を、迷いなく、他に気を取られることなく、その仕事に徹して行うことにこそ、仏教者の修行がある。」

とおっしゃったのであります。道元さまにとって、まことに衝撃的な出来事でありました。「今の私」に与えられた「この仕事」は、たとえどんな仕事であっても、迷うことなく、手を抜くことなく、心を込めて行いたいものであります。

【みおつくし】

「はじめに」に述べましたように、本書の項目のほとんどは、京都女子大学の仏教新聞『芬陀利華』に掲載したものですが、その内の半分ほどは新聞下段の「澪標《みおつくし》」という小欄に書いたものです。

この「みおつくし」とは、「みお」の「くし」という意味で、「澪」（みお）とは「水脈」（みお）のことであり、船が通りやすい深い水脈を示すために立てられた「串」（くし）を「澪標」と呼ぶのです。いわば船のための道標のようなもので、座礁を防ぐための用心に他なりません。大阪市の市章や市旗は、この澪標をデザインしたものです。テレビに取りあげられることの多

かった橋下 徹《はしもととおる》前大阪市長のインタビューの時に、そのバックに立てられている背景画面などに、たくさんの市章がデザインされていましたので、見かけた方も多いことでしょう。

船といえば、大乗仏教の祖であられたインドの龍 樹菩薩《りゅうじゅぼさつ》(一五〇〜二五〇頃)は、阿弥陀さまの念仏の教えを船旅に譬えられています。菩薩がさとりに至るにはさまざまな道があって、いくつもの修行を永い間励まなければならない「陸路の歩行」のような苦しい難行道《なんぎょうどう》もあれば、阿弥陀さまのはたらきを信じて念仏を称えることによって容易く至る「水道の乗船」のような往き易い易行 道《いぎょうどう》もあると説かれています。

ところが、阿弥陀さまの救いが説かれる『仏説無量寿経』の後半には、

往《ゆ》き易《やす》くして人《ひと》なし

（『註釈版聖典』五四頁）

と説かれているのであります。往き易いにもかかわらず、往く人がいないとは、どういうことでしょうか。それは、仏さまはなんとしても私たちをさとりに導こうとされているにもかかわらず、仏のはたらきを頼りとせずに、自分勝手な道を往こうとする人がいかに多いかを示す言葉であります。

船の船尾を「とも」といいますが、帆船が容易く航行するために船尾の「とも」にまっすぐ風を受けることを「まとも」といいます。澪標を見誤らず、仏さまのはたらきをしっかりと受け止めて、浄土への道をまっすぐ歩む、「まとも」な人生を歩みたいものであります。

白き蓮華のひらく刻

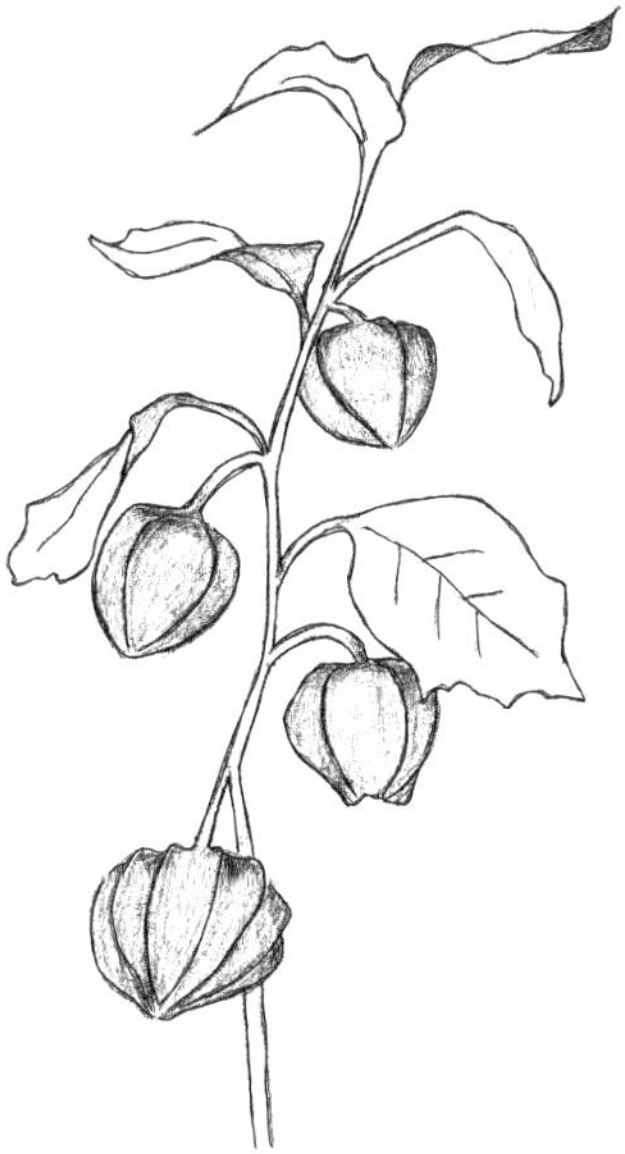

【松陰の菩提寺】

平成二十七年（二〇一五）の大河ドラマ『花燃《はなも》ゆ』は、井上真央《いのうえまお》さんが演じる吉田松陰《よしだしょういん》の妹「文《ふみ》」が主人公でありました。「文」は、松陰の弟子であった久坂玄瑞《くさかげんずい》と結婚しましたが、玄瑞の死後、後に群馬県令となった楫取《かとり》素彦《もとひこ》と再婚して、素彦を支えた人であります。

この、文さんの晩年の写真を目にする機会がありました。私が顧問を務める「古寺《こじ》を訪《たず》ねる会《かい》」の研修旅行で、萩城下《はぎじょうか》の「泉福寺《せんぷくじ》」を訪れた時のことであります。浄土真宗本願寺派の寺院である泉福寺は、吉田家の菩提《ぼだい》寺《じ》でありました。関ケ原《せきがはら》の戦い以後、毛利家は防長《ぼうちょう》二カ国に減封され、安《あ》芸《き》から萩に移されます。その際に、家来として殿さまとともに移ってきたのが吉田家の先祖であり、泉福寺も同時期に移ってきたそうです。

「古寺を訪ねる会」の一行が、泉福寺の本堂《ほんどう》でお参りをしていると、坊《ぼう》守《もり》さまが、

「京女《きょうじょ》は親戚みたいなものですからね」

とおっしゃって、詳しく説明してくださいました。本堂の壁面には、吉田松陰の関係者の写真が掲示してありましたが、その中に、文さん晩年の写真があったのです。

そして、坊守さまは、

「せっかく京女の方々がきてくださったのだから……」

とおっしゃって、特別に松陰の位牌《いはい》を見せてくださいました。松陰が処刑

される日に、弟子に頼んで泉福寺に届けさせたもので、表には有名な、

「松陰二十一回猛士」

の文字が見え、裏には、

「安政己未十月二十七日」

と処刑された日が刻まれていました。一行は、貴重な歴史的資料に感激しつつ、坊守さまに心からお礼の言葉を申しあげました。

白き蓮華のひらく刻

【国の根幹】

平成二十三年（二〇一一）に、イージス艦「あたご」と漁船との衝突事故についての裁判が結審し、「あたご」の元航海長等二名の海上自衛官は無罪という判決が出ました。判決の妥当性の前に、裁判過程の中で明らかになったのは、検察と海上保安庁の捜査において「供述を恣意的に用いた」とされ、まず筋書きありきの内容であったことが問題視されています。

検察は、控訴することを決定したので、上告審での結果を見守りたいですが、この裁判に関連して思い浮かぶのは、厚生労働省の村木《むらき》厚子《あつこ》課長の裁判です。その裁判の後、検察の証拠捏造が露呈し検察官が逮捕されるという信じ難い事件となりました。両方の裁判においては、いずれにしても、検察のあり方が問われているといわざるを得ません。

「あたご」の元航海長が、

「事件に関わった検察や防衛省の官僚やマスコミが、真実の追求をすることよりも、自らの利益の追求をしていたことに日本の行き先に対する不安を覚える」

と発言していたことが大変印象深く思いました。

しかしながら一方では、先の東日本大震災に際して、日本の多くの人々が、自らの利益ではなく、他者のために何かしたいと活動しているのも、紛れもない事実であります。国を成り立たせている根幹が腐ってきていることを、人々は微妙に感じているのでしょう。だからこそ他を利せんとする思いがより一層巻き起こっているのかもしれません。

真実を求め真実に生き抜かれた親鸞さまの教えを建学の精神とする京都女子大学の法学部で学ぶ学生諸姉が、日本の法曹界でどんな活躍をしてくれるのか、大いに期待したいと思います。

白き蓮華のひらく刻

【聖人の懊悩】

現代社会と仏教

仏教が社会のさまざまな問題といかに関わりを持ち得るかについては、いろいろな議論がなされています。西本願寺の大谷光真《おおたにこうしん》前ご門主《ぜんもんしゅ》と上田紀《うえだのり》行《ゆき》氏との対談集『今、ここに生きる仏教』（二〇一〇年　平凡社）にも、いくつかの問題が提示されていて、随分話題になったようです。上田氏は現代の社会問題への仏教の貢献について、

現代社会の問題と教義の部分がどういうふうにすり合わせがなされて

いるのかが明確でない
（『今、ここに生きる仏教』二五頁）

と指摘されています。これについて、前ご門主は「ハンドルとしての教えとエンジンとしての教え」の例を挙げ、正しいか間違いかとハンドルを回すのではなく、「エンジンで前に進むような元気の出てくる教え」が必要であると述べられているのです。（『同』二九～三七頁）そして、お二方とも仏教の教え・真宗の教えを現代社会でどう生かすかが切実に求められていると指摘されています。

かといって、現代社会のさまざまな問題に対し、親鸞さまの著作や言葉から安易に答えを求めようとすることは、充分に注意しなければなりません。親鸞さまの時代とは全く違う時代であって、その時代には考えられもしなかった地球規模の問題や生命倫理に関する問題等々について、親鸞さまの著作や言葉から直接的な解答を導き出そうとすることは、いささか無謀といわざるを得ないでしょう。

親鸞さまの姿勢

しかしながら、親鸞さまが社会の問題にどのように立ち向かおうとされたのかを窺うことは極めて重要であります。その一つといえるのが、いわゆる「三部経《さんぶきょう》千回読誦《せんかいどくじゅ》」に関する出来事でありましょう。親鸞さまの妻であった恵信尼さまの手紙によって、その出来事の顛末を記してみますと、建保二年（一二一四）、親鸞さま四十二歳の頃、関東にある上野《こうずけ》の国《くに》と下野《しもつけ》の国《くに》と武蔵《むさし》の国《くに》の境目あたりの佐貫《さぬき》というところで、「浄土三部経《じょうどさんぶきょう》」の千回読誦を発願《ほつがん》して実行しようとされましたが、すぐに中止をして常陸《ひたち》の国《くに》に赴かれたようです。そして、それから十七年後の寛喜三年(一二三一)、五十九歳の時、病臥にあって高い熱にうなされながら、かつての「千回読誦」の発願・中止を想い出され、「人《ひと》の執心《しゅうしん》、自力《じりき》のしん(心)」(『註釈版聖典』八一六頁)を深く反省されたというのであります。

かつて京都女子大学の仏教学教授であった霊山勝海《よしやましょうかい》先生は、この二つの出来事、つまり千回読誦の発願・中止と、それを十七年後に振り返られた出来事が起こった背景を鑑み、重要な指摘をされています。まず建保二年には、あちこちで「祈雨」の法要が営まれていた記録があり、後の寛喜三年には、異常気象によって飢餓や疫病が起こり、屍が累々と重ねられたと記録されているのです。つまり、この両時期には、干ばつや異常気象による大飢饉が起こっていたのでした。それゆえに、「千回読誦」の一連の顛末は、念仏の信心に生きる者が社会に起こった困難な問題にいかに対応すべきかという、親鸞さまの懊悩《おうのう》を示すと指摘されているのです。

親鸞さまの懊悩

親鸞さまは、念仏の教えに出あった人々が飢饉によってバタバタと亡くなっていく中で、「何とかせねば」という気持ちから、彼らのためにさまざまなことをされたに違いないでしょう。しかしながら、自ら一人の力だけではいかんともし難い状況の中、思わず経典読誦の功徳《くどく》という当時の僧侶の役割であった慣例を修せんとされたのでしょう。ところが、

名号《みょうごう》のほかにはなにごとの不足《ふそく》にて、かならず経《きょう》をよまんとするや
（『恵信《えしん》尼消息《にしょうそく》』『註釈版聖典』八一六頁）

と気づかれて、直ちに中止されたのであります。そして、それを十七年後の大飢饉の際、再び想い起こされたのではないかと指摘されているのです。親鸞さまは他力念仏《たりきねんぶつ》の信心《しんじん》に生きている身であるゆえに、「人の執心、自力の心」を深く反省されたに違いありません。しかしながら、経典読誦を中止されたからといって、「所詮、この世の出来事はどうしようもない」と投げ出しておられた訳ではないと思われます。読誦中止後も変わらず、目の前の人々の苦難を救いたいとさまざまな活動をされたのではないでしょうか。目前の困難な出来事に対して、完全な答えや満足できる解決策は

及びもつかないけれども、娑婆《しゃば》の縁が尽きて浄土に往生するその時までは、できる限りのことをし続けることこそが自分に残された道であると思われたのではないでしょうか。

前ご門主は「恩徳讃」についての上田氏の質問に対して、

「御恩」というのは、阿弥陀様に救われて仏になるという救いをいただいているということですね。それに対して「報じる」といっても、阿弥陀様にまっすぐお返しすることはできないというか、返してもしようがない。ですからその方向を変えて、世の中に向かって自分のできることを精一杯する。第一義的には、阿弥陀様に救われたという浄土真宗を、今度は周りに伝えていくことだろうと思いますが、必ずしもそこにとどまらなくて、社会的な活動でも何でも、自分がいいと思ったことをする。自分の利益のためにではない、取引としてやる仕事でもないところに働きかける。私が味わっているというか、受け取っているのは、そういうことです。何かを受け取ったからその人に返すという往復運動だと、横へも将来へも広がらないですよね。実際、阿弥陀様に向かって「ありがとうございます」と言うのは大事なことですし、それはおろそかにしてはいけないと思いますが、そのことは、「身を粉にしても報ずべし」だとは、私には感じられない。やはり自分の心身を働かせて、この世あるいは次の世代に働きかけるということが大切なのではないでしょうか。

（『今、ここに生きる仏教』二三〇～二三一頁）

と述べられています。

　現代社会のさまざまな問題に直接的に適切な解決策を与えることができなくとも、その問題に立ち向かって精一杯に力を注ぐ生き方を示すことこそが、仏教の果たす役割ではないでしょうか。

白秋の刻

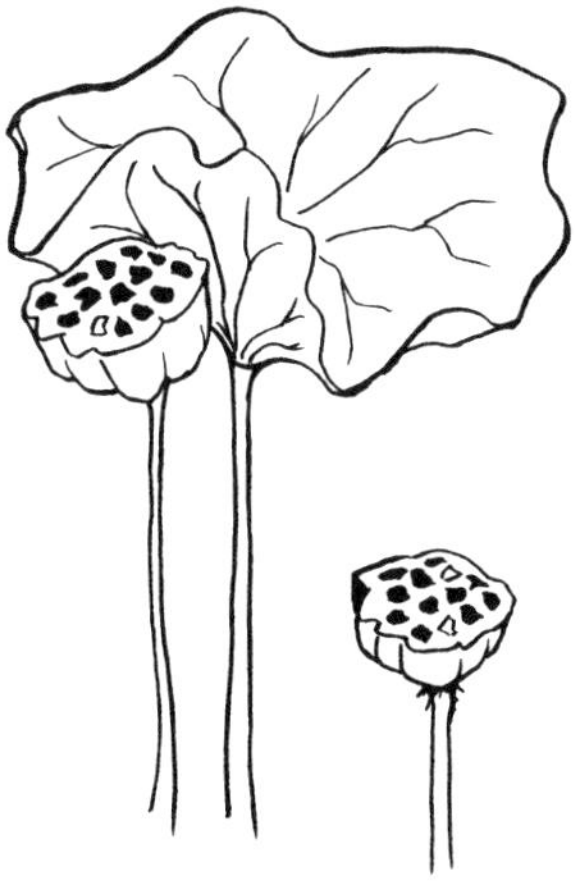

【彼岸花】

九月も中旬を過ぎれば、郊外の野原に彼岸花《ひがんばな》が群生し、燃えるような赤い花を咲かせています。かつては大規模な飢饉の際に、この花の球根に含まれているデンプンを取ったともいいます。そのために田畑のあぜ道に多く植えられたと伝えられるのです。ただし、「リコリン」という毒を含んでいるために食用とするには、充分な毒抜きが必要とものの本に記してありました。

毎年決まって秋の彼岸《ひがん》の季節をはずさずに、その姿を見せるため、「彼岸花」と名づけられたのでありましょう。ただ、それだけではなく、秋の野原の夕暮れ時、西日を浴びて輝いている赤い花の群れを遠目に見ると、まことに幻想的であります。この光景に、かつての人々が西方浄土を想い起こしたからこそ、「彼岸花」と呼ばれたのではないでしょうか。

『仏説無量寿経』には、

現《げん》に西方《さいほう》にまします。ここを去《さ》ること十万億刹《じゅうまんおくせつ》なり

（『註釈版聖典』二八頁）

とあり、『仏説阿弥陀経』には、

これより西方《さいほう》に、十万億《じゅうまんおく》の仏土《ぶつど》を過《す》ぎて世界《せかい》あり

（『註釈版聖典』一二一頁）

とありますように、これより西の方、遥か彼方の世界（彼岸）が浄土であると説かれています。しかしながら一方で、『仏説観無量寿経』という経典には、

此《ここ》を去《さ》ること遠《とお》からず

（『註釈版聖典』九一頁）

とも説かれているのです。

遥か彼方と説かれることは、人間の煩悩の穢さと仏さまのさとりの清浄さとの距離が測りきれない程遠いことを示しているように思えます。つまり、人間の側から見た、仏さまとの距離を示すのです。

それに対して、「此を去ること遠からず」と説かれるのは、人間のすぐ

そばではたらく仏さまの慈悲の活動を表していると思えます。煩悩という毒を持つわれわれを、その毒を持ったままに受け入れ、毒抜きをしてきれいな花に仕上げようとするのが、仏さまの慈悲のはたらきであります。その慈悲のはたらきに気づくことによって、遥か彼方にある仏さまの世界が間近になってくるのです。

彼岸花を見ては、彼岸を想う縁としたいものです。

【なごりをしくおもへども】

人には忘れられない言葉があります。それは、ほとんどの場合、何らかの出来事の場面とともに想い出される言葉であって、そのシーンを伴って深く心に刻み込まれたことが窺えます。表題の「なごりをしくおもへども」は、お弟子の唯円《ゆいえん》さまと対話された時の親鸞さまの言葉で、『歎異抄《たんにしょう》』第九条に記されている言葉です。この世への執着を離れることができない凡夫が、いのち終えていく時のあり方を示した言葉であって、多くの人々に感銘を与えてきた言葉です。おそらく感銘を受けた人々は、それぞれに、自らの心に刻み込まれた、あるシーンを持っておられることでしょう。

兄との会話

私にも、この言葉に関して、二つの想い出のシーンがあります。一つめは、今から三十数年前に交わした兄との会話です。兄は、一般消化器系の外科医で、胆のう・肝臓・胃などの病気を専門としています。その当時は、今と違って、ガンは不治の病とされていましたので、外科医に成り立ての兄には、大きな悩みがありました。それは、担当の患者さんに対するガン告知の問題です。ほとんどの人が治る見込みがないために、ガンであることを告げることは死の宣告をするに等しいといわねばならず、ガン告知はしないというのが一般的でした。

したがって、医師は患者さんに、

「あなたはガンではない！」

と嘘をつかねばなりません。患者さんの容体が日に日に悪くなっていくにもかかわらず、嘘をいい続けねばならないのです。とりわけ患者さんから、

「ガンじゃないですよね？」

と確かめられた時は、医師を信頼しての言葉だけに、嘘をついている胸の内がとても苦しくなります。そして、いよいよ終わりの時を迎えることになるのです。患者さん自身もおそらくは気づいているのでしょうが、とうとう最後まで本当のことを聞かずに、いのちを終えていかねばなりません。

「人間の終わり方としてこれでいいのだろうか？」

兄は、患者さんを看取る度に、医師としての無力感とともに、何かいい知れぬ虚しさを感じていたようでした。

そんな悩みを聞いても、私には何も応える術はありません。ただ、

「親鸞さまにはこんな言葉があるよ」

と紹介したのが、

なごりをしくおもへども、娑婆《しゃば》の縁尽《えんつ》きて、ちからなくしてをはるときに、かの土《ど》へはまゐるべきなり（『註釈版聖典』八三七頁）

という『歎異抄』第九条のご文でありました。兄は、深く感じ入ったようで、

「こんな思いで人生を終えることができたならば、尊い人生といえるなあ」

と呟いたことを思い出します。

ある卒業生

もう一つは、今から十年ほど前に、京都女子大学の卒業生であるTさんと交わした会話です。Tさんは、大学を卒業した後、結婚してお寺の坊守さまとなり、そのお寺の幼稚園の仕事をしておられましたが、夫であるご住職がお亡くなりになられたのです。その当時、高校生や中学生であった三人の子どもさんを遺して、ガンで亡くなられたのでした。坊守さまであったTさんは、亡きご住職に代わってお寺の法務を勤めようとされたのです。そのためには、京都の西本願寺に行って、住職の資格を得る研修を受け、試験にパスしなければなりません。もちろん、さまざまな研修の中には、親鸞さまの教えの内容を本格的に学ぶ時間もあります。住職として、教えの内容を人々に伝える仕事があるからです。

たまたま、その研修の講師であった私とTさんとは、昔からの知己でした。Tさんの事情を承知していた私は、研修の合間の休憩時間に声をかけ、いろいろな話をしました。そして、何かの話から『歎異抄』の話題になり、私が何気なく第九条の、

なごりをしくおもへども、娑婆《しゃば》の縁尽《えんつ》きて、ちからなくして、をはるときに、かの土《ど》へはまゐるべきなり

という言葉を出して、親鸞さまと唯円さまとの対話の話をしていた時のことです。ふと気がつくと、Tさんは眼にいっぱい涙を浮かべています。

「どうかされましたか？」

と尋ねると、Tさんはその涙の理由を語ってくださいました。

その当時は、すでにガンは告知される時代でしたので、ガンであることを承知しておられた夫のご住職は、病気が重くなっていく中で、何度も何度も、

「なごりをしくおもへども…」

と口にしておられたそうです。Tさんは、夫がよく口にしていた言葉が『歎異抄』第九条の文であったことを、今はじめて知ったとおっしゃり、その意味を知って夫の心中を思い、思わず涙が溢れてきたのですと話されたのでした。

まだ成人していない子どもたち三人を遺して往かねばなりません。Tさ

んのことやお寺のことや幼稚園のことも、すべてが気がかりであったに違いありません。ご住職は、さぞかし「なごりをしく」思う気持ちでいっぱいであったことでしょう。けれども、どれほど「なごりをしく」思っても、娑婆の縁が尽きたなら力なくして終わっていかねばなりません。

さとりの活動

ところが、この世の執着から離れられない凡夫の身でありながらも、娑婆の縁が尽きた時、「かの土」である浄土に参らせていただき、仏さまのさとりに導かれることが定まっているのです。

親鸞さまは、同じ『歎異抄』の第四条では、

浄土《じょうど》の慈悲《じひ》といふは、念仏《ねんぶつ》して、いそぎ仏《ぶつ》に成《な》りて、大慈大悲心《だいじだいひしん》をもつて、おもふがごとく衆生《しゅじょう》を利益《りやく》するをいふべきなり

（『註釈版聖典』八三四頁）

ともおっしゃっています。これは、浄土に往生して仏さまのさとりを得た者は、さとりの活動をすることを示しているものです。さとりの活動とは、この世に遺された人々に対して、さまざまにはたらきかけて、真実で清らかなさとりの方向に向けようとする活動のことです。

この世への「なごりをしさ」は山のようにあったご住職でしたが、この世の縁が尽きて仏さまのさとりの世界に至ったならば、今度は「大慈大悲心をもって、おもふがごとく衆生を利益する」という決意を、何度も何度

も自らにいいきかせておられたに違いありません。そのはたらきが届いたからこそ、妻であるTさんの目に涙が溢れることになったのではないでしょうか。

このように、いくつかのシーンを蘇らせながら、深く心に刻み込まれた言葉こそが『歎異抄』の言葉なのです。

【賀茂川の秋】

小春日和の休日、心地よい風に吹かれながら、自転車で賀茂川《かもがわ》の辺りを巡っていますと、色々な人々と出あいます。

ジョギングをする人、犬と散歩する人はもちろんのこと、無邪気に走り回っている子どもたちがいるかと思えば、大人の号令のもとユニホームまで着てアメフトの練習をしている小学生たちもいます。仲間と一緒にフリスビーを投げ合っている若者たちがいれば、ベンチで一人本を読んでいる少女がいます。川面に眼をやりながら静かに佇んでいる熟年の夫婦もいれば、高校生のカップルが楽しそうに笑い合っています。中には、どうみても揉めているようにしか見えない男女までいるのです。携帯電話で話しながら、せかせかと足早に通り過ぎるサラリーマン風の男性は、休日どころではないのでしょう。

かと思えば、くたびれたズボンを引きずるように、疲れた足取りのお年寄りが一人歩いていきます。その老人とすれ違ったのは、ベビーカーから身を乗り出した幼子で、もうすぐ次の子が生まれるであろう大きなお腹のお母さんが、ベビーカーを押しながら話しかけています。

さまざまな人々が、それぞれに歩いていきます。まるで回《まわ》り灯籠《どうろう》のように、人生の一面が次々に近づいては現れ、現れてはやがて遠ざかっていくのです。これまでに経験した充実や困難もあれば、これから経験するであろう孤独や寂寥《せきりょう》も見えてきます。

仏さまの慈しみは、それらの人生をそのまま包みこんで、温かく照らし続けているに違いありません。小春日和のやわらかな陽差しのように…。

白き蓮華のひらく刻

【夕と口】

仏さまの教えをきくことを「聴聞《ちょうもん》」といいます。聴も聞も「きく」という意味でありますが、昔から、

「往《ゆ》くを聴《ちょう》といい、来《きた》るを聞《もん》という」

といいます。同じ「きく」でも、こちら側から「ききに往く」ことを「聴く」と表すのです。聴診器は、医者が患者の体内の音を聴きに往くのであります。反対に、向こうから「きこえて来る」のを「聞く」と表します。

かつて「茶道」、「華道」とともに盛んであった「香道」では、香の香りを嗅ぐとはいわず、「香を聞く」といいます。向こうから仄かにただよってくるから、「香を聞く」というのでありましょう。

『仏説無量寿経』には、

その名号《みようごう》を聞《き》きて信心歓喜《しんじんかんぎ》せんこと

（『註釈版聖典』四一頁）

とあって、阿弥陀さまの名前である「南無阿弥陀仏の名号《みようごう》」を聞くことがとても大切であると示されています。「名号」の「名」という字は、「夕」と「口」が合わさってでき上がっています。昔の夕方は、今と違ってとても薄暗かったものです。

「秋《あき》の日《ひ》の釣瓶《つるべ》落《お》とし」

というように、あっという間に夕闇が迫るのです。一瞬、そこに誰がいるか分からず、

「誰ぞ彼は」

と問わねばならず、そこから、

「たそがれ時」

と呼ばれるようになったといいます。その夕方の暗闇で、「ここにいるよ」と口をあけ声を出して名告《なの》るのが「夕」と「口」が合わさった「名」という漢字であります。

また、「号」とは、「号泣」、「号令」、「号砲」などというように、「大声で」という意であります。

したがって、阿弥陀さまの「名号」とは、暗闇の中でどこに行けばよいかわからない私に向かって、阿弥陀さまが大声で、

「大丈夫だよ。ここにいるから！」

と名告っておられるという意味になるのです。

いつどこにいても、私に寄り添ってくださる仏さまの喚《よ》び声をそのまま聞くことこそが肝要であります。自分の勝手な思いを交えずに、向こうから聞こえてくる仏さまの慈悲の心に順うことが最も大切なことなのです。

【応病与薬】

「フリーペーパー」と呼ばれるものが流行っているそうです。新しい言葉のようなので、「ウィキペディア」を見てみれば、

フリーペーパー（和製英語）とは、広告収入を元に定期的に制作され、無料で特定の読者層に配布される印刷メディアである。略称はフリペ

だそうです。要するに、無料で配布される生活情報誌のようなもので、冊子になっていると「フリーマガジン」というらしいです。

そこまで分かったところで、なんと、灯台もと暗し、京都女子大学の宗《しゅう》教《きょう》文化《ぶんか》研究所《けんきゅうじょ》前（宗教教育センター前）の展示スペースに『フリースタイルな僧侶たちのフリーマガジン』（三十五号）が置かれていたのでした。

手に取って見てみると、表紙にはマンガが描かれ、セーラー服のような服装の若い女性が、

「なんで生きなアカンの？」

と呟いています。その横に、

〈特集仏教マンガ〉「あした　死ぬかもよ？」

とあります。このマンガの作者で、輪番編集長《りんばんへんしゅうちょう》である光澤裕顕《みつざわひろあき》さんの編集後記には、「仏教の入り口になりたい」という思いが記されていました。

マンガの後ろのページには、「アラサー僧侶とゆるーく話す会」、「ちょ

っと座ろう会（朝禅・夜禅）」、「ホニャララをめぐる宗教間対話〈食〉」等々さまざまなイベントが紹介されています。どうやら「フリースタイルな僧侶たち」からの、さまざまな悩みを持つ現代の不特定多数の人々へ呼びかけを集めた情報誌のようでした。

そういえば、お釈迦さまは三十五歳でさとりを開かれてから八十歳で亡くなられるまで、四十五年にわたってインド各地を遊行《ゆぎょう》され、悩みを抱えた不特定多数の人々に法を説かれました。現代の僧侶たちも、お釈迦さまのあり方に見ならって、多くの人々に呼びかけておられるのでしょう。お釈迦さまの説法の手法は、一人ひとりの苦悩に対面したものであったので、「対機説法《たいきせっぽう》」と呼ばれ、あるいはまた「応病与薬《おうびょうよやく》」とも称せられました。文字通り、その人その人の悩み苦しみという「病に応じて薬を与えられた」

のです。

その一例として最も有名なものの一つに、「キサーゴータミーの帰依」という逸話が残っています。

キサーゴータミーは、生まれて間もないわが子を病気で亡くしてしまったのですが、わが子の死という事実を受け入れられず、遺骸を抱きながら、

「この子を治す薬はありませんか?」

と彷徨《さまよ》い続けるのでありました。その哀れな様子を見かねた人がお釈迦さまに会うことを勧めたところ、お釈迦さまはゴータミーの問いに対して、

「一粒の芥子《けし》の実《み》(白からしの実ともいう)をもらってきて与えたならば、その子は治るであろう」

と答えられたのであります。大喜びで探しに行こうとするゴータミーに、

お釈迦さまは、

「ただし、いまだかつて一度も葬式を経験したことがない家にある芥子の実をもらってきなさい」

といわれたのです。

ゴータミーは、あちこちの家を訪ねてみると、芥子の実はどこの家にもあって快く与えてくださろうとするのですが、肝心の葬儀を経験していない家は、どこにもないのです。

「先年祖母が…」

「親戚の伯父が…」

等々、葬儀の経験がない家は一件もありません。恐らくゴータミーは、「愛しいわが子を亡くした」という人にも遭遇したのではないでしょうか。数時間も経って、ゴータミーは、疲れ果てた身体を引きずりながら、ようやくお釈迦さまの意図を察します。「いかなるものも無常を逃れることはできない」という道理に、自ら気づかせようとするお釈迦さまの願いを知るのでした。ゴータミーは、ついに無常をさとり、わが子の死を受け入れるのであります。

『フリースタイルの僧侶たちのフリーマガジン』を手に取る学生も多いそうであります。「なんで生きなアカンの?」、「あした　死ぬかもよ?」という人生を歩みながら、自らの悩みに自ら答えを求めて動き出そうとした時、そこにはたらきかけている仏さまの願いに気づくことになるのではないでしょうか。そんな学生さんが増えることを願うばかりであります。

【まねてする】

秋の夜長に、鈴虫の声を聞きながら本を読むのは、この季節の楽しみであります。今はネットで知識を得る時代でありますが、本を読むことは、やはり大切な「学び」であります。もっとも「ものを学ぶ」ことは、本を読むことに限ったことではありません。年輩の方々が、

「人間、一生勉強だ」

とおっしゃるのは、人生の出来事から学ぶことの大切さを示しているのでしょう。

そもそも「学ぶ」とは、「まねてする」というのが原意であります。も

のを学び習うのは、真似から始まるのです。歌舞伎役者が芸を学ぶのは、名人の型を「まねる」ことから始まりますし、職人さんの技術の学びも同じでありましょう。

けれども、芸や技術の「知識をまなぶ」ことはもちろんですが、それを行うための「こころをまなぶ」ことこそが最も大切であります。高い専門的知識を学ぶことの原点もしくは到達点は、その領域の「こころをまなぶ」ことにあるのではないでしょうか。それを抜きにした専門的知識は、危うく脆いといわざるを得ません。

日常生活でも「まなぶ」ことはいくつもあります。いつもニコニコしている人を「まねてみる」のはどうでしょうか。笑顔をまねると、こころも豊かになる気がしてきます。また、何につけても「有難う」という方を「まねてみる」のはどうでしょうか。いつのまにか感謝の気持ちが湧き起こってくるように思います。

そして、ちょっと気恥ずかしいけれど、お念仏をしておられる方を「まねてみる」のはどうでしょうか。「南無阿弥陀仏」と称えて仏さまに頭を下げておられる姿をまねてみると、仏さまの温かいこころが届けられるような気がしてきます。どうでしょうか。今年は「学びの秋」にしてみては…。

【人の闇】

平成二十七年（二〇一五）の鬼怒川《きぬがわ》の氾濫はまことに痛ましいものでした。あの惨状をテレビで見ていると同じ光景を想い出さずにはおれませんでした。三十年以上も前、大和川《やまとがわ》に注ぐ葛下川《かつげがわ》の氾濫によって、奈良県の王寺町《おうじちょう》にある親戚の寺院が同様の水害を被ったのです。家の軒下まで水没した状況は、想像を絶するものでした。家中の畳が水圧によって三角に立ち上がり、水を含んだ座布団は二人がかりでないと持ち上がりません。家中の物という物は、すべて水中に浸かってグチャグチャの状態でした。

当日の水の氾濫は、まさにあっという間の出来事であり、逃げ遅れた人たちが多くいました。役場の職員でもあった叔父は、逃げ遅れた人たちの救助に向かったそうです。救助は、子ども・お年寄りが優先となるのはいうまでもありません。

叔父たちは、あるお年寄りの救助に向かっていました。その通り道に四十代の男性がいたのですが、その横をすり抜けてお年寄りの方に向かおうとした際、なんとその男性がボートを奪うように乗り込もうとするのです。

「お持ちください！　向こうを先に救助しますので」

といったところ、あろうことか、

「年寄りはどっちにしてももう先がない。こっちを先に助けろ！」

といったというのです。

なんと酷い言葉かと誰しも思うことでしょう。しかし、自分に置き換えてみた時、はたしてどうでしょうか。急激に押し寄せてくる濁流から辛うじて逃れ、一刻も早く助かりたいと必死になっている時、たとえ口には出さなくとも、心の中でどういう思いを持つか考えてみると、どれほどその男性を責めることができるかと暗い気持ちになります。

人間というものは、まことに恐ろしく暗いものを抱えています。その暗さを浮き出させ、そして包み込むのは、仏さまの慈悲しかないでしょう。

白き蓮華のひらく刻

【自分の殻】

自問自答

若い人々の間では、「自分探し」という言葉がよく聞かれます。おそらく、「今までの自分」とは違う、新しい何かを探し求めておられるのでしょう。「自分とは何者か」を考える際、私たちは他人の評価を気にせずにはおれません。もちろん、それは言葉だけに限らず、他人の目や顔の表情や態度などにも現れますが、私たちはそれに基づき、自分自身について自問自答をすることになります。その時の私の行為や感情を自ら確認するのです。自問自答をすることによって、自らのあり方や資質を客観的に顧みることができると考えるからでしょう。

自問自答は、まず、題材になる「自分」を回想することから始まります。今日のその時、あるいは過去のあの時、そういう行為を行ったり、そういう感情に陥ったりしていた、その「自分」です。そして次に、その「自分」が、あの状況の中で行ったり感じたりしたことの是非を判断することになります。

「やはり、あれはまずかったかしら」

「いや、そんなことはない。あの状況では、ああするより仕方がなかった」

などと、その「自分」の言動や感情に対する客観的な是非の判断を下すことになります。

もう一人の自分

その際には、当然のことながら、題材となっているその「自分」を客観視し判断している「もう一人の自分」がいることになります。あの時あのように思ったことは、正しかったかどうかを判断する「もう一人の自分」です。これは何も過去に限ったことではありません。今、この時においても、「自分」とそれを客観視しようとする「もう一人の自分」は常に存在するといってよいのでしょう。

ただ問題は、私たちは「自分」のあれこれについて、是か非かの判断をしますが、その「自分」を客観視して判断している「もう一人の自分」については、是か非かの判断をしないものなのです。「もう一人の自分」は、常に判断を下す側であって、判断を下されることはないといえます。「もう一人の自分」は常に「自分」に対して、評価を出し続け、自らそれに苦しんでいくということも、よくある話といえるでしょう。つまり、知らず知らずのうちに、「もう一人の自分」は絶対的に正しいものとなってしまっているのです。

今までの自分とは違う新しい何かを探し求めていくためには、

「自分の殻を破れ」

などといわれることがあります。けれども、「自分」を判断する「もう一人の自分」が絶対的に正しいものとして存在している限りは、「自分の殻を破る」ことにはならないのではないでしょうか。ものの見方や感じ方にしても、「自分」と「もう一人の自分」との関係に終始しているのが私たちの世界であって、大抵の場合、この関係の中から抜け出せないでいるのが私のあり方といえるでしょう。

ですから、「自分」と「もう一人の自分」との関係を超える世界に出向くことこそが、本当の意味で「自分の殻を破る」ことになるに違いありません。それは、実は「もう一人の自分」が決して正しいといえない、それどころか、かなり危なっかしいものであることに気がつくところにこそ、「自分の殻を破る」ヒントがあるように思えます。

是非も善悪も知らない親鸞さま

親鸞さまが作られた『正像末和讃《しょうぞうまつわさん》』には、

是非《ぜひ》しらず邪正《じゃしょう》もわかぬこのみなり

（「自然法爾章」『註釈版聖典』六二二頁）

という言葉があります。自らについて、是々非々も知らないし邪正の見分けもつかないわが身でしかないと述べられるのです。

また、『歎異抄』の後序《ごじょ》には、

善悪《ぜんあく》のふたつ、総《そう》じてもつて存知《ぞんじ》せざるなり（『註釈版聖典』八五三頁）

とあり、「何が善であり何が悪であるのか、そのどちらもわたしはまったく知らない」とも述懐《じゅっかい》されています。歴史上に不朽の功績を遺されたといってよい親鸞さまが、是非も邪正も善悪の判断すらもつかない自らであると述懐されるのは、一体どういうことなのでしょうか。

『歎異抄』には、先ほどの文に続いて、その理由を挙げ、

そのゆゑは、如来《にょらい》の御《おん》こころに善《よ》しとおぼしめすほどにしりとほしたらばこそ、善《よ》きをしりたるにてもあらめ、如来《にょらい》の悪《あ》しとおぼしめすほどにしりとほしたらばこそ、悪《あ》しさをしりたるにてもあらめど…（同）

と述べられています。つまり、阿弥陀さまという仏さまが「そのおこころで善とお思いになるほどに、私が善を知り尽くしたのであれば善を知ったといえる」であろうし、仏さまが「悪とお思いになるほどに悪を知り尽くしたのであれば、悪を知ったといえる」というのです。そこでは、善悪を

判断する基準が仏さまとなっています。

続いて、

煩悩具足《ぼんのうぐそく》の凡夫《ぼんぶ》、火宅無常《かたくむじょう》の世界《せかい》は、よろづのこと、みなもってそらごとたはごと、まことあることなきに…　（同）

と述べられ、あらゆる煩悩をそなえている凡夫である自分自身の中には、判断をする基準となるものは何一つないことが示されているのです。さらに「この世は燃えさかる家のようにたちまちに移り変わる世界であって、すべてはむなしくいつわりで、真実といえるものは何一つない」と述べられます。それゆえに、善悪の判断など、私には及びもつかないことである

とされるのです。そして最後に、

ただ念仏《ねんぶつ》のみぞまことにておはします　（『註釈版聖典』八五四頁）

と結ばれ、仏さまのはたらきだけが唯一真実といえると述べられているのです。

殻は破られる

ここには、「自分」と「もう一人の自分」の関係が突破された世界があるといえます。つまり、仏さまの真実に機軸をおいて生きる世界がありま す。仏さまに機軸をおくということは、「もう一人の自分」の判断は、絶対的ではなかったと気づいたことになり、機軸を仏さまにおく時、今までの自分とはまったく違ったものの見方や感じ方が現れてくることになります。ですから、仏さまの真実に出あったならば、「自分の殻」は自ずから破られていくことになるでしょう。殻が破られた自分にどんなものが見えてくるか、楽しみにしながら生きてみるのはいかがでしょうか。

【もろうたいのち】

秋の見学会では、神戸の本願寺別院《ほんがんじべついん》、通称「モダン寺」に参拝致しました。その際、神戸市長田区《ながたく》の信行寺《しんぎようじ》のご住職にお願いをして、あの阪神淡路大震災当時の話をしていただきました。

信行寺は地震で本堂と庫裏《くり》が全壊し、さらに隣の工場が爆発して火が入り、本堂も庫裏も全焼したのでした。ご住職から、すべてが焼けてしまい、まったく何もかもがなくなってしまった時、

「人間はどういう思いになるかわかりますか?」

と尋ねられましたが、われわれ一同には想像すらできません。ご住職は、

「もうどうでもいい」

「もうどうなってもいい」

という思いになるとおっしゃって、五十代半ばであったご住職も、

「自分の人生は終わった」

と思われたそうです。

けれどもそこで、

「そうではない。このいのちは『産んでもろうたいのち』ではないか。多くの人によって『育ててもろうたいのち』ではないか。白分のいのちは自分の『もの』ではない。『もろうたいのち』であった。大事なものをいただいた時と同じように、この『もろうたいのち』は何よりも大切にしなければ」

と思い返されたそうです。そして、そのような呼びかけこそが、阿弥陀さまから私たちに向けられたはたらきであったと話されました。

震災後十七年が経った現在では、鉄筋三階建ての本堂・庫裏が見事に復興されています。ご住職をはじめご門徒さんの苦労は並大抵のものでなかったに違いありません。

震災直後、何もかもなくなったお寺の跡に立った坊守さまが、ご住職に向かって、

「おとうさん。もう一度青春ができますね！」

とおっしゃったそうであります。阿弥陀さまのはたらきを受けて人生を歩んでおられる方は、まことにすごいものであります。

白き蓮華のひらく刻

【二河白道の庭】

奈良の當麻寺《たいまでら》に「二河白道の庭《にがびゃくどうのにわ》」があります。この庭には、幅四～五寸（約十五センチ）の細長い石が埋めてあり、その左側に白い砂利が、右側には赤い砂が敷き詰めてあります。この庭は、中国の善導大師の「二河《にが》白道《びゃくどう》」の譬え話を表現しているのです。

その話は、荒野を旅する人を、山賊や悪獣が襲うことから始まります。必死で逃げた旅人は、大きな河の前に辿り着きますが、渡るためには、わずか幅四～五寸の狭い道しかありません。しかも、道には北側から激しい波が襲い、南側からは燃え上がる炎が道を覆っているのです。躊躇《ちゅうちょ》する旅人の背後には、山賊や悪獣が迫ってきています。

その時、旅人の居る東の岸から、

「この道を信じて行け」

という声が聞こえ、それに応じて、向いの西の岸から、

「まっすぐにきなさい」

という声が聞こえてくるのです。意を決した旅人は、この声を信じて狭い道を渡って行き、ついに河を渡りきったのでした。

この喩え話で、荒野を旅するとは、私たちが人生を歩むことであります。激しい波と燃え上がる炎は、私たちの貪りと怒りの煩悩が盛んであることを意味しています。四～五寸の狭い道とは、さとりの浄土への道を示しているのです。

そして、東の岸から「この道を信じて行け」と励ます声はお釈迦さまであり、西の岸から「まっすぐにきなさい」と喚ぶ声は、阿弥陀さまでありはす。後ろから迫ってくる山賊や悪獣とは邪悪な教えや間違った理解を意味しています。河を渡りきるとは、煩悩に振り回されている私たちが、お釈迦さまの教えと阿弥陀さまのはたらきによって浄土に迎えられて、さとりに至ることを意味しているのです。

古来から、この庭を見つめてきた多くの人々は、煩悩の中で浄土へ歩む人生を、静かに味わったに違いありません。

玄冬の刻

【人生最後の日】

今年もあとわずかとなりました。まことに一年は流れるように過ぎ去っていきます。そんな中、つい最近聞いた講演会からの話題を二つ提供します。

一つ目は仏教《ぶっきょう》文化《ぶんか》講演会《こうえんかい》での藤丸《ふじまる》智雄《ともお》先生（浄土《じょうど》真宗《しんしゅう》本願寺《ほんがんじ》派《は》総合《そうごう》研究《けんきゅう》所《しょ》）のお話です。最近亡くなられたアップル社創業者のスティーブ・ジョブズ氏は、重い病気を患ってからは、仏教に興味を持っていたようです。

そして、毎朝鏡を見る際に、

「今日が人生最後の日だとして、今日これからすることは、自分の人生において、本当にやりたいこと、必要なことか？」と問うことを日課にしていたというのです。流れるような月日の中で、少し足を止めて、常に自らのいのちを見つめながら、自分のするべきことを確認されていたに違いないでしょう。

二つ目は、京都女子学園の本校卒業生、ワット・隆子《たかこ》さんのお話です。彼女は、自らの乳ガン体験を通して、乳ガン患者をサポートする「あけぼの会」を創設されています。

自らの人生を振り返った講演の中で、「人生は決断の連続」と述べられました。毎日のほんの些細な出来事から、人生の岐路に至る出来事まで、すべて人生とは決断の連続であり、必要かどうか迷っている時間はないと話されました。そして、失敗を恐れてはならず、

「恐いのは失敗ではなく、失敗から何も学ばないことである」と結ばれていました。

これから年末にかけてバタバタと慌ただしく忙しい日々が続きます。流れるような月日の中、仏さまの前で少し足を止め、何をすることが「自らのいのち」にとって最も大切なことか、しっかりと決断していきたいものです。

白き蓮華のひらく刻

【代わるものあることなし】

身《み》みづからこれを当《う》くるに、代《かわ》るものあることなし

（『註釈版聖典』五六頁）

とは、『仏説無量寿経』に示された言葉であります。この世の苦楽の結果は、自らが引き受けるべきものであって、他の誰も代わってくれる者はいないという意味でしょう。

かつて、ある三十代の男性の葬儀の場面で、この「代わるものあることなし」という言葉に出あったことがあります。後に遺されたのは二十代の

妻と幼い男女の兄弟でありました。葬儀を行う僧であった私は、火葬場に向かう霊柩車に続く後ろの車に、その女性と女性のお母さまと一緒に乗車していました。

やがて、霊柩車が動き出そうとしたその瞬間でした。女性は絞り出すような声で、

「よしやすさ〜ん！」

と亡き夫の名前を叫ばれたのです。胸の張り裂けるような思いが、周りの私たちにも伝わりました。その時、お母さまが、

「代わってやれませんものなあ！」

と同乗している私に向かっておっしゃったのであります。

これから幼い子どもたちを抱えて歩まなければならない娘の多難な人生

を代わってやることができない。どれほど娘を思い、孫と娘のことを心配しても、娘の人生そのものは代わってやることができないのだという母親としての痛切な声でありました。

まさに「代わるもののあることなし」とは、人生の根幹にある事実です。私の上に起こった人生のさまざまな出来事は、他の誰でもなく、この私が引き受けるしかないのであります。

しかしながら実は、他の誰にも代わることができない私に、その私を目あてとして、仏さまの願いがかけられているのです。その願いに気づき、仏さまの願いに生かされて生きる時に、私の上に起こった出来事を引き受ける生き方が見えてくるのです。

白き蓮華のひらく刻

【語り継がれる逸話】

逸話のこころ

仏教が伝わるのは、論理的な教理《きょうり》や体系づけられた教義《きょうぎ》に依ることはいうまでもありません。けれども、それだけではないのです。なんといっても、教えを伝えるのは人であります。その人の言動に現れてくる、いわば教えの真髄によって、仏教が伝わっていくのです。

そしてさらに、それが逸話として語り続けられるようになると一層効果的になります。後世に名を残す高僧・名僧方には、さまざまな逸話が語り継がれておりますが、それが史実であったかどうかはさほどの問題とはなりません。なぜかというと、史実かどうかよりも、そこに顕《あら》わにされている教えの内容の方が重要であるからに違いありません。

白隠禅師の一言

白隠慧鶴禅師《はくいんえかくぜんじ》は江戸時代中期の臨済宗《りんざいしゅう》の傑僧であり、後世に大きな影響を与えられましたが、この禅師には語り継がれてきた有名な逸話があります。

それは、禅師が住んでおられた村で、未婚の娘が妊娠をしたことに始まります。お腹が大きくなってきた娘の父親は、まなじりを決してお腹の子の相手を問い詰めました。なかなか口を開かなかった娘が、終に挙げた名前はなんと白隠禅師であったのです。激怒した父親は、禅師のもとに押しかけ、名僧の評判に反した行いを非難して、怒りにまかせて悪口雑言の限りを尽くします。その上で、赤子が産まれた後は禅師が子を引き取るようにと押し付けたのであります。娘の父親の怒りの言葉を黙って聞いていた禅師は、ただ一言、

「そうかあ」

といって、やがて産まれてきた赤子を寺内に引き取られたのでした。赤子を背負い、あちこちで乳を貰い受ける禅師の姿を見た世間の人々は、今までの禅師への態度を一変させて、冷淡に陰口をたたくこととなったのです。

それから三年が経って、赤子はかわいい盛りに育ってきました。赤子の母親であった娘は、かわいい盛りに育ったわが子を見るにつけ、堪《たま》らない思いから涙ながらに父親にうったえます。なんと娘はわが子の本当の父の

名を告げて、子どもを引き取りたいといい出したのでした。娘の言葉を聞いた父親の狼狽《ろうばい》ぶりはいかばかりであったでしょうか。大慌てで禅師のもとを訪れ、何度も何度も頭を下げて、三年前の非礼を詫びたことはいうまでもありません。そして、

「勝手なことは重々承知の上ではありますが、できれば子どもを引き取りたいのでございます」

と禅師に願い出たのであります。父親の一連の言葉を黙って聞いていた禅師は、ただ一言、

「そうかあ」

といって子どもを引き渡したというのです。

この逸話は、世間のものさしに振り回されている娘の父親の姿と、すべ

てを見尽くし、すべての執着を離れている白隠禅師の対比が見事に語られていて、禅《ぜん》の真髄が示された痛快なお話であります。人間のものさしを超えた仏さまのものさしを示し、禅の目指すべき世界が提示されているといえるでしょう。

親鸞さまと法然さま

わが親鸞さまにもいくつかの逸話がございます。先と同様、史実かどうかより、そこに表わされている教えの内容が肝心なのであります。親鸞さまのひ孫である本願寺《ほんがんじ》第三代《だいさんだい》宗主《しゅうしゅ》覚如《かくにょ》さま（一二七〇〜一三五一）が制作した『御伝鈔《ごでんしょう》』上巻第七段に記されている逸話には、法然門下での親鸞さまの言動が語られています。

ある時、法然門下の高弟数人が、新参の弟子である善信房《ぜんしんぼう》（親鸞）を取り囲んで詰問していたというのです。それは新参であるにもかかわらず、善信房が自分の信心と師法然さまの信心とは全く変わらないといい張っていることを、高弟たちがとがめていたのでした。師と同じ信心であるとは、新参のくせに大それたことをいうと非難された善信房は、

「偉大なる師である法然さまの深智博覧《じんちはくらん》や高徳《こうとく》と等しいというのなら、それは身のほどをわきまえないことでありましょう。けれども、往生の信心に関しては、全く同じであって、ともに仏より賜《たまわ》った他力の信心に他ならないと思います」

と言明するのです。そこへ、法然さまがお出でになられ、事の成り行きを聞かれた上で、自らの信心も善信房の信心もただ一つで変わることはない

と申されたのであります。

「もし信心が違うのならば、智慧が各々別々である故に信心も別々であるという自力の信心に他ならず、善悪の凡夫がともに仏より賜っている他力の信心ではない。それならば、法然と同じ浄土には生まれることもない」

とも述べられて、善信房の言葉が法然さまの意にかなっていることを告げられるのでした。そこで、

面々舌《めんめんした》をまき、口《くち》を閉《と》ぢてやみにけり　（『註釈版聖典』一〇五一頁）

と結ばれています。

『御伝鈔』は親鸞さまの遺徳《いとく》を讃える伝記であるゆえに、親鸞さまが法然門下で特別な存在であったことを示す意向が見えています。とはいえ、自力に執われていく人間の目線を超えた仏（他力）の目線が表され、他力の信心の本質が明白に述べられていることは、非常に意義深いものであります。

禅と念仏とその教えの内容は大きく異なるものの、人間が陥りやすい陥穽《かんせい》について、仏さまの目線から指し示している点は共通したものがあるように思えるのです。このように、高僧の逸話は人々に仏教のこころを伝えることに、重要な役割を果たしてきたといえるでしょう。

【道徳念仏申さるべし】

今から五百五十年以上も前、明応二年（一四九三）の正月のことでありま す。七十九歳になっておられた蓮如さまは、四年前に門主の座を息男の実如《じつにょ》さま（一四五八〜一五二五）にお譲りになり、当時は山科にあった本願寺の南殿に住んでおられました。

そこへ正月の挨拶にやってきたのが、山科勧修寺村《かじゅうじむら》の「道徳《どうとく》」でありま す。道徳は、もとは「中村源六郎《なかむらげんろくろう》」といい、沙汰人《さたにん》と呼ばれる近辺の実力者でした。蓮如さまの弟子とはなっていましたが、真言宗山階派《しんごんしゅうやましなは》の本山勧修寺とも関わりがあって、どうやら他力念仏の教えを誤解していたようであります。

その道徳が、押っ取り刀で正月の挨拶に現れたところ、新年の挨拶の返答に代えて、蓮如さまからいきなり、

道徳《どうとく》はいくつになるぞ。道徳念仏《どうとくねんぶつ》申《もう》さるべし
（『蓮如上人御一代記聞書』『註釈版聖典』一二三二頁）

と投げかけられたのです。道徳は蓮如さまと年が近かったようで、蓮如さまは、

「お互い、あと何年生きられるかわからんぞ」

との思いから、「道徳はいくつになるぞ」とおっしゃったのでありましょう。

この話は、子どもの頃から、毎年父親に聞かされていました。住職であった父は、正月年頭の法話《ほうわ》のどこかで、必ずこの言葉を引いて話すのです。子ども心に、

「また、あの話かいな」

と思ったものでしたが、今にして思えば、実は父は自らにいいきかせていたに違いありません。

「今年もまた、正月を迎えることができたのは決して当たり前のことではない。この世の縁の尽きる時が、もうすぐそこまで迫ってきているかもしれない。その私に阿弥陀さまの『かならず救う　われにまかせよ』のはたらきが、たった今ここに届いている」

そのはたらきに感謝する思いから、「念仏申さるべし」と年頭に当たっ

てわが身にいいきかせ、かつ喜びをかみしめていたのでしょう。

新たな年を迎える節目にあたり、今一度自らを見つめなおし、確かな足どりで浄土への人生を歩みたいものであります。

【花の寒い冬】

この春、桜の季節にラジオで聞いたのですが、もしも開花前の九州の桜と北海道の桜を同じ場所に持ってきたとすると、どちらが早く開花するかというお話がありました。その番組に出演しておられた植物学者の先生のお話によると、意外にも、より寒い冬を経過した北海道の桜の方が早く開花するのだそうです。

そして、その先生は、

「最近はきれいに咲いたチューリップが一月、二月に花屋さんに並んでいるのはどうしてか」

と質問されたのです。聞いていた私は、進行しているアナウンサーと同じように、

「それは温室で育てるからに決まっている！」

と思ったのでした。

ところが、その先生は、

「チューリップの球根をそのまま温室で育てても花は咲きません」

と述べられ、

「球根をいったん冷蔵庫に入れて保管し、その後、温室に移して初めて花が咲くのです」

とおっしゃったのであります。つまり、桜といいチューリップといい、寒い冬を経験した後に、一気に暖かくなるからこそ、見事な花を早く咲かせ

ることができるらしいのです。

ひとしきりこの話がなされた後、私の思いと同様にスタジオでも話題になったのは、人間にとっても寒い冬は必要ではないかということでありました。辛く苦しい時期が続く時には、これは次に花の咲く準備であると思えることがとても大切であります。

もしも今、さまざまな出来事によって、辛く苦しいと思っている方がいらっしゃるならば、

「辛い冬があればこそ、見事な花が咲く」

この話をぜひ味わってほしいと願うばかりであります。

白き蓮華のひらく刻

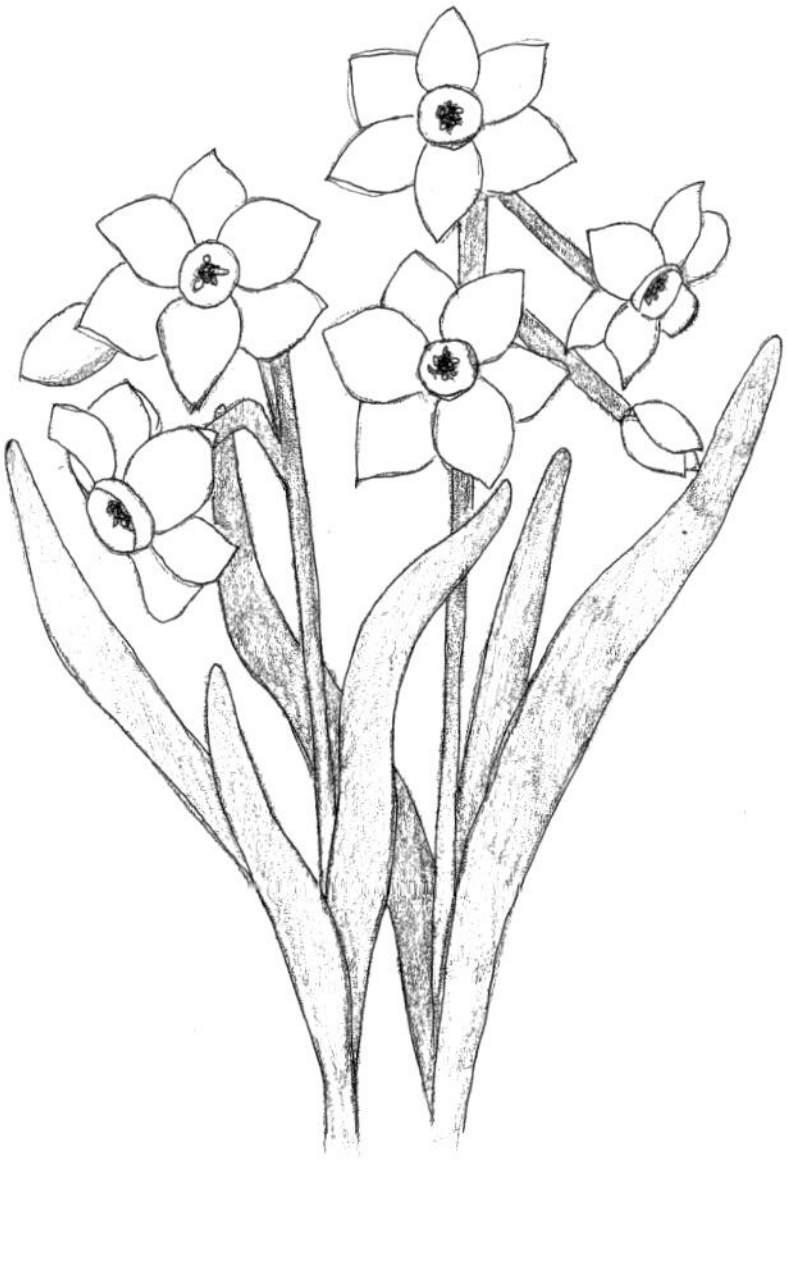

【寄り添いの難しさ】

新しい年が始まりました。昨年平成二十三年（二〇一一）の今頃には、あの未曽有の東日本大震災が起こることを誰が想像したでしょう。被災された方々は、一年前をどんな思いで想い出されているのでしょうか。日本には、正月を始めとして季節の年中行事が次々にありますが、それらの行事の度に、平穏であった一年前の時のことを思い浮かべられるに違いありません。そう思うと、一層やりきれない気持ちになります。

人は、本当に悲しい出来事に遭遇した時、涙さえも出ないことがあります。そのため、悲しみに出あった人の外側だけを見ていても、その悲しみや辛さがわからないこともしばしばあるのです。

また、悲しみに出あった人は、人にやさしくなるといいます。私の講義を受講している学生の一人が、東北にボランティアに出かけ、その間のさまざまな思いを文章にして見せてくれました。その中で、

「被災地の方々から、かえって元気をもらいました」

と述べていました。報道を通してこれと同じような話を聞いた人も多いことでしょう。自分が辛く悲しいから、その分よけいに、他人の悲しみや辛さが分かり、人というものを愛おしく思えるのです。

人の悲しみに寄り添うことは至難の業であります。仏教の言葉である「慈悲」の「悲」とは他者の苦しみに思いを致し、その苦しみを除こうとする思いやりを意味し、「慈」とは他者に安楽を与えようとすることと説かれ

ています。真実の慈悲の心に触れた時、凡夫である私たちの取るべき道も自ずから明らかになってくるに違いありません。

白き蓮華のひらく刻

【落語のルーツはお坊さん】

「落語ブーム」といわれて久しい昨今です。京都女子大学落語研究会《きょうとじょしだいがくらくごけんきゅうかい》の「藤花寄席《とうかよせ》」が毎年盛況であることも、そのブームを裏付けています。落語のルーツは、戦国時代から江戸時代にかけて活躍した「安楽庵策伝《あんらくあんさくでん》」という浄土宗《じょうどしゅう》のお坊さんであるとされています。この策伝上人が書いた『醒睡笑《せいすいしょう》』は、その名の通り、説教《せっきょう》の合間に眠気を醒ます、ちょっとした笑い話を集めたものですが、ここから後の落語が生まれたといわれています。「平林《ひらばやし》」という落語のネタも、ここからできたらしいのです。文字の読めない丁稚《でっち》さんが、主人の言い付けで、「平林《ひらばやし》」さんに手紙を届けるという簡単なあらすじなのですが、その「平林」の読み方を忘れてしまって、あちこちで読み方を訊くというお話であります。

最初の人は、「たいらばやし」と読み、次の人は「ひらりん」と読み、さらに次の人は、漢字を解体して「一八十の木木」（いちはちじゅうのもくもく）と読み、最後の人は「ひとつとやっつとおきっき」と読み方を教えるのです。混乱した丁稚さんは、ついにすべての読み方を順々に叫びながら「平林」さんを訪ねていくのでした。

これは、いくつもの読み方がある漢字の性質を笑いにしたお話でありますが、演者が丁稚さんの困り果てる様子を表現することで、客席に笑いが起こるのです。それは、お客の誰しもが漢字の読み方で苦労した経験を持つからではないでしょうか。また、もともとはお坊さんの作ったお話だけに、物事には一つだけではなく、さまざまなものの見方ができることを表した話であるのかもしれません。

折しも旧暦正月八日は、安楽庵策伝上人が八十九歳で往生した命日であります。

【宝の山に入りて】

五年間、実に三十五回にわたって、この「澪標」の欄を担当させてもらいましたが、いよいよ今回で最後となりました。

平成二十四年（二〇一二）（本書一五四頁）にも書いていますが、「みおつくし」とは「みお」の「くし」という意味であります。「澪」（みお）とは「水脈」（みお）のことであり、船が通りやすい深い水脈を示すために立てられた「串」（くし）を「みおつくし」と呼ぶようです。いわば船のための道標のようなもので、座礁を防ぐための用心に他なりません。

人生のさまざまな座礁を防ぐための深い水脈が、仏教にはあることは確かです。京都女子大学の卒業生で、学生時代にはさほどに思わなかった仏教の教えが、人生の座礁に出あう度に、深い意味合いを示してくれるとおっしゃる方は少なくありません。

しかしながら、順風満帆の時に、仏教の教えに耳を傾けることは大変難しいことなのかもしれません。

私の師匠であった龍谷大学名誉教授《りゅうこくだいがくめいよきょうじゅ》・本願寺派勧学《ほんがんじはかんがく》の村上速水《むらかみそくすい》先生は、長年の教員生活の最終講義において、仏法を聞くことの難しさを述べられました。その際、源信僧都《げんしんそうず》（九四二～一〇一七）の『往生要集《おうじょうようしゅう》』の一節を引いて、いつの間にか、

頭《こうべ》に霜雪《そうせつ》を戴《いただ》きて、心《しん》は俗塵《ぞくじん》に染《そ》めり（『註釈版聖典（七祖篇）』八四二頁）

と回顧されました。そして、その続きの、

宝《たから》の山《やま》に入《い》りて手《て》を空《むな》しくして帰《かえ》ることなかれ　（同）

の文を引かれて、

「せっかく、今生に仏法という宝の山の中に入っているのだから、決して手を空しくしたままで、この世の縁を終えることがあってはならない」

と述べられたのでした。

せっかく、仏教に触れる機会を得られたならば、その機会を何よりも大切にしていただきたいと思うばかりです。

【芬陀利華のこころ】

京都女子大学に奉職することとなり、仏教学の講義を担当して、はや八年が過ぎました。大学で仏教の講義をすることの難しさは、講義としての知的な質を保ちながらも、いかにすれば仏さまに帰依する心が学生たちに伝わるかを模索することに尽きます。単に知的な理解だけでは深い味わいを得ることができないのが仏教、特に浄土の教えであることはいうまでもないことでしょう。

七里和上の教化

明治時代、博多《はかた》萬行寺《まんぎょうじ》に七里《しちり》恒順《ごうじゅん》和上という偉いお坊さんがおられました。京都の本山で一週間お話をされるというので、三田《さんだ》源七《げんしち》さんという人がぜひ話を聞きたいと行ったところ、大変な聴衆であって、近寄ることさえもできません。マイクもない時代ですから、声を聞こうと思ってもとうてい聞こえません。

そこで時間をおいて、泊まっておられる宿舎へ訪ねて行ったのですが、そこもいっぱいの人で和上が何かを話しておられるのだが、やはり聞こえないのです。しかたがないので、三田さんは、大声で、

「和上さん和上さん、一言お尋ねします」

と怒鳴るようにいうと、

「なんですか」

と返事をされたのです。これ幸いと、

「自力《じりき》の三心《さんしん》ひるがえしというのは、聞く一念《いちねん》にひるがえるものですか、臨終《りんじゅう》の一念にひるがえるものですか」

と質問したのです。ところが、七里和上は知らん顔をしていて何もいわれません。何事もなかったかのように、目の前の人々に話をされているのです。聞こえなかったと思った三田さんが、もう一度大声で同じことをいうと、知らん顔をしていた和上が三田さんの方を向いて、

「それが聞きたいのなら、本願寺の隣に大学校（現龍谷大学）がある。そこへ行って聞けば道具揃えがしてあるで一番早わかりがする。お前さんはそこへ行きなされ。ここはなあ、持ち合わせのまま仕合わせをさせていただくことを一口話しているのじゃ」

とおっしゃったというのです。三田さんは、満座の前で恥をかいたと思い、一緒に行った仲間に、

「大学校へ行けとはあんまりじゃ」

と愚痴ると、その仲間が、

「何をいう。君のあの質問のお陰で、今の持ち合わせのまま仕合わせをさせていただくという教えを賜ったじゃないか！」

といわれたそうです。

芬陀利華のこころ

この話は、大学で仏教の講義をする者にとっては耳の痛い話です。ともすれば、高邁な仏教教義を詳細に述べているつもりであっても、それは道

具揃えに過ぎず、早わかりはするものの、ひょっとすると早合点に陥ることを述べているに過ぎないのではないかといわれている気がします。「持ち合わせのまま仕合わせをさせていただく」とは、わが身のありのままの姿のままで、大いなる大悲に照らされ、つつまれている身の仕合わせがいただけるということでしょう。つまりは、仏さまに帰依する心をいただくことであります。

仏教新聞『芬陀利華』の三百回記念に際し、過去の『芬陀利華』を読ませていただきましたが、さまざまな先生が、仏さまに帰依する心を学生たちに伝えようとしてご苦労されていることが窺えます。「芬陀利華縮刷版（第三刊）の発刊にあたって」では、京都女子大学学長であられた故瓜生《うりゅう》津隆真《づりゅうしん》先生が次のように書いておられました。

芬陀利華とは、仏教信仰に生きる人々をたたえる言葉で、その意味は〈白い蓮の花〉です。純白で美しくしかも香り高い花にその人をたとえているのです。この月刊新聞に掲載されているものはすべてそのような薫り高い人格を育てるものばかりで、まさしく心の糧の宝庫ということができます。

そして、この『縮刷版』を世の中に広めれば、昏迷している社会が、そこから心の糧としての智慧を得ることができるのではないかとも述べておられます。

京都女子大学で講義をされる先生方が、『芬陀利華』を通して、学生たちに、そして社会に伝えようとされた熱い心に感銘を受けるとともに、自らの身が引き締まる思いを持ちました。

おわりに

「はじめに」でも記しましたが、本書は平成二十年（二〇〇八）春から平成二十八年（二〇一六）冬に至るまでの、京都女子大学仏教新聞『芬陀利華』に寄稿した原稿を加筆修正したものです。平成二十年に本願寺教学伝道研究所から、京都女子大学に奉職することとなり、その後の八年間に起こったさまざまな出来事において、感じたことを記した小篇です。

この度、平成二十八年五月十三日付けで勧学を拝命することとなりました。浅学の身で大役を務められるかまことに心許ないですが、六月十五日の親授式で、ご門主さまから辞令を賜った時の身の引き締まる思いを忘れずに、今後も精進していく所存です。

なお本書の出版において、校正の労を取ってくださった浄土真宗本願寺派総合研究所研究助手の東光直也氏、装幀のデザインをしてくださった瓜生智子氏、本文にすてきな挿絵を添えてくださった富永慶氏に謹んでお礼申しあげます。

森田　眞円（釈浄圓）

〈著　書〉

『観念法門窺義』（二〇〇五年　永田文昌堂）

『観経序分義窺義―王舎城の悲劇に聞く―』（二〇一五年　永田文昌堂）

『ひらがな真宗』（二〇〇〇年、二〇一三年　本願寺出版社）

『ひらがな正信偈』（二〇〇三年　本願寺出版社）

『埋み火―こころの法話集―』（二〇〇四年　本願寺出版社）

『笑う門には念仏あり』（二〇〇七年　本願寺出版社）

『はじめての親鸞さま』（二〇一二年　本願寺出版社）

『願いに生かされて』（二〇一五年　響流書房）

〈共　著〉

『浄土真宗現代法話大系』第四巻、『同』第十九巻（一九八七年　同朋舎）

『親鸞教学論叢』（一九九七年　永田文昌堂）
『親鸞思想の諸問題』（二〇〇〇年　永田文昌堂）
『新編　安心論題綱要』（二〇〇二年　本願寺出版社）
『宗教と環境』（二〇〇二年　本願寺出版社）
『浄土三部経と七祖の教え』（二〇〇七年　本願寺出版社）
『戒律と倫理』（二〇〇九年　平楽寺書店）
『今、浄土を考える』（二〇一〇年　本願寺出版社）
『やさしく語る親鸞聖人伝』（二〇一一年　本願寺出版社）
『顕浄土真実教行証文類の背景と展開』（二〇一二年　浄土真宗本願寺派宗務所）
『浄土真宗　はじめの一歩』（二〇一二年　本願寺出版社）
『ホップステップ　浄土真宗』（二〇一六年　本願寺出版社）

ほか、論考多数。

◆著者紹介
森田　真円（もりた しんねん）

1954年、奈良県に生まれる。
龍谷大学院博士課程真宗学専攻修了、本願寺派宗学院卒業。龍谷大学講師、中央仏教学院講師、本願寺教学伝道研究所所長を経て、現在、本願寺派勧学、京都女子大学教授、奈良県葛城市教善寺住職。

白き蓮華のひらく刻

2016年12月16日 発行

著　者　森田真円
発　行　本願寺出版社
〒600-8501
京都市下京区堀川通花屋町下ル
TEL 075-371-4171 FAX 075-341-7753
http://hongwanji-shuppan.com/
印　刷　株式会社 図書印刷 同朋舎

定価はカバーに表示してあります。

BD03-SH1-①21-61
ISBN978-4-89416-043-9